M

Papel certificado por el Forest Stewardship Council®

MIXTO
Papel | Apoyando la
silvicultura responsable
FSC® C117695

Penguin
Random House
Grupo Editorial

Primera edición: octubre de 2023

© 2023, Alba Carrillo
© 2023, Penguin Random House Grupo Editorial, S. A. U.
Travessera de Gràcia, 47-49. 08021 Barcelona
Diseño de cubierta: Penguin Random House Grupo Editorial / Ariadna Oliver Belmonte

Printed in Spain – Impreso en España

ISBN: 978-84-19650-26-9
Depósito legal: B-13.726-2023

Compuesto en Grafime, S. L.
Impreso en Gómez Aparicio, S. L.
Casarrubuelos (Madrid)

GT 50269

ALBA CARRILLO

LISTA

PARA LA

Vida

Montena

A mi hijo Lucas y a mi ahijado Gabriel: ¡a vivir!

ÍNDICE

ÍNDICE

ÍNDICE

TERCERA PARTE. VIVIR PARA AMAR

ÍNDICE

PRÓLOGO
UN *libro*
ME SALVÓ LA *vida*

Busco en la RAE el verbo «devorar», para mi gusto tan ansioso, sexual, culinario y literario. Cuando pienso en los libros me viene esta palabra a la mente, y «medicina», y también «aro salvavidas», un bálsamo de Fierabrás de la invención cervantina en forma de panacea para cualquier problema de salud, y es que ¡los libros son tanto!

Recuerdo a una niña de vuelta a casa a las nueve de la noche. Tiene ocho años, lleva un moño y viene del conservatorio con su padre en autobús, se llama Alba y sujeta en las manos un libro que le durará como máximo cuatro días. Desde el principio de mi vida he devorado los libros con ansia y pasión, exactamente igual que he encarado mi propia existencia. Los libros siempre han sido mi asidero, mi remedio, mi paz, mi respuesta. Amo leer como amo la vida, y por eso para mí son dos palabras que deben ir unidas.

Cuando digo que los libros salvan es porque lo creo firmemente. La literatura es medicina, pero sin necesidad de prescripción médica. De hecho, es bueno automedicarse y escoger el libro que intuyas que más necesitas en cada momento vital. Lo que va bien para unos es inservible para otros, y no debes temer consumir mucha dosis porque el único efecto secundario de la ingesta masiva de libros es la cultura y la felicidad.

Dicho esto, estaba yo en una relación amorosa en la que me sentía muy sola, poco comprendida y sedienta de atención, cuando comencé a leer *La pasión turca*, de Antonio Gala. No sé cómo llegó ese libro a mis manos en ese momento, pero tengo claro que la literatura es mágica y encuentras el libro que necesitas en el momento que mejor te va a venir. Empecé a leer y, de repente, como surgido de la mano del escritor expresamente para mi conciencia, leí una frase que me ha dejado marcada para siempre. Los escritores son como médicos que extienden recetas a modo de reflexiones que acaban curando tu alma. La frase decía algo así: «A la soledad del que está solo, le queda la esperanza. A la soledad del que está acompañado, solo le queda la desesperación».

La literatura es mágica y encuentras el libro que necesitas en el momento que mejor te va a venir.

En ese momento, sola en casa, empecé a hacer las maletas mentales para irme de la relación en la que me encontraba. Lloré mientras la frase me retumbaba en la cabeza y siempre la recuerdo en todas mis relaciones.

Esa frase me hizo analizar mi relación y modificó el devenir de todas las siguientes. No se puede estar ficticiamente acompañado, y hay muchas más personas solas en relaciones que personas solteras. Me prometí para siempre no volver a sentirme sola en una relación y lo he cumplido. Cuando no tengo pareja estoy bien, estoy conmigo misma. Si estoy con alguien es para sumar, para sentirme querida y querer. No hay dolor más grande que sentirse solo estando acompañado. Hazme caso, mejor contigo que mal acompañado.

SI LO HAGO, LO HAGO CON PASIÓN

Empecé a escribir este libro de forma despreocupada, con ganas, pero mirando las desavenencias desde una pequeña atalaya. Me encontraba en un momento inmejorable de mi vida, o quizá no. Todo es susceptible de mejorar siempre, porque ir a peor no es una opción, ya que, aunque falles y duela, todo acaba encontrando un camino en el que aprender.

Escribir de memoria sobre el miedo, el dolor o la incertidumbre es absolutamente intrascendente. Si queremos que nuestro relato cale, debemos escribir entre lágrimas, con las entrañas en la mano y el cuchillo aún goteando. Perdón por ser tan descriptiva al respecto, salió mi vena criminóloga. Quiero decir que, como siempre en mí, esperéis de este libro una autopsia emocional de cabo a rabo, una catarsis, una purga, un renacer total. Quería ser más tibia, pero no puedo.

He decidido entrar en mi alma, escudriñarla y ofrecérsela al lector en un ejercicio absoluto de liberación y desquite. Tenía una cuenta pendiente conmigo misma y, cuando ponga el último punto, la daré por saldada. No es responsabilidad mía si, a partir de este libro, el lector tiene una opinión equivocada de mí. Mi cometido está cumplido: recordar, analizar y regalar.

Regalar mis experiencias y las enseñanzas extraídas de ellas, para intentar acompañarte. No son consejos, no me gusta darlos. No son lecciones, no soy quién.

Es un libro de alguien que desea ayudarte a recordar que, aun con lo malo, que a veces es mucho, la vida merece la pena, o, mejor dicho, merece las ganas.

Pero sobre todo espero que el libro que tienes en las manos sea lo que no te esperas, porque la vida es así. La vida es lo que no te esperas y también lo que cada una de nosotras y cada uno de nosotros hacemos de ella.

«Aprendí que no se puede vencer a quien nunca se da por vencido». Un día, una de mis seguidoras escribió esta frase debajo de uno de mis posts y le pedí permiso para utilizarla. Me parece una definición perfecta del concepto que tengo de la vida.

Por mucho que quieran hacernos claudicar, los únicos que tenemos la potestad para hacerlo somos nosotros mismos. Al hilo de esto, me viene a la mente una frase de Eleanor Roosevelt: «Nadie puede hacerte sentir inferior sin tu consentimiento».

Busca el ave fénix que habita en ti. A veces está adormecido, pero sigue ahí, no dejes que las palabras o las acciones de otros terminen con él. Aliméntalo de tu fuerza, la tienes, busca dentro de ti y hazlo volar. Recuerda algo que no está muy claro si lo dijo Sabina, pero me encanta para él y me «pega» de su boca: «Hay que ser feliz, aunque solo sea por joder».

No nos puede servir para siempre, pero sí como revulsivo en momentos concretos en los que no tenemos ninguna fuerza. Si no lo hacemos por nosotros, levantémonos por no darles la razón a los que desean vernos mal, y luego, lucha y vive por ti, porque mereces cada rayo de sol que sale en el cielo, mereces cada sonrisa que da forma a tus labios, mereces vivir y hacerlo con plenitud.

Busca el ave fénix que habita en ti.

SOLO BUENAS ENERGÍAS

Quizá no dé la imagen de ser alguien espiritual, pero es que la espiritualidad se viste por dentro. Orar, en la religión que sea, es una forma de meditación muy sanadora. Yo me doy a todo. Soy supersticiosa; en los días importantes, me levanto con la pierna derecha y doy tres pasos a la pata coja. Suelo echar sal gorda en aquellos sitios a los que quiero volver o que me traigan buena suerte. No puedo dejar un libro si no me he leído la última palabra. Quemo palo santo para alejar las energías negativas y limpiar los espacios. Soy budista autodidacta, gracias a mi padre, que se agarró a esta filosofía de vida cuando mi abuelo estaba enfermo. Llevo siempre mi rosario budista o japa mala en la muñeca y suelo recitar mantras con sus cuentas para meditar. El budismo es una filosofía de vida, compatible con todas las religiones. Cuando voy a mi pueblo, intento acudir todos los domingos a misa. Creo mucho en las cartas del Tarot y la astrología. En el antiguo Egipto, los faraones tenían sus propios astrónomos, que se valoraban mucho a la hora de tomar decisiones estratégicas. Desde siempre creo en la psicogenealogía, heredada también de mi padre. Si lo necesitas, estoy titulada en Flores de Bach y en numerología. Y sé de piedras.

En mi habitación hay una lámpara de sal para purificar el aire y contrarrestar la energía de los aparatos electrónicos. En la entrada de casa tengo un gato de los que mueven la mano; cuando se avecinan malos momentos en el trabajo, suele ser porque se han agotado las pilas. Encima de la puerta de entrada cuelgan una rama de canela y un milagrito mexicano; son unas figuras con piezas metálicas que sirven como ofrenda para pedir un milagro, dar las gracias, alejar las energías negativas y cuidar el hogar. Tengo en la entrada un gallo de Portugal con la cola mirando hacia la puerta, para traer buena suerte; varios elefantes con la trompa levantada, pues traen fortuna; unos sanandreses gallegos, para propiciar protección, paz, amor, éxito, salud, amistad, alimento y buenos viajes; un daruma, que es un objeto japonés de la suerte al que se le pinta el ojo izquierdo para que se cumpla una meta personal, y cuando se ha logrado, se le pinta el ojo derecho —el mío continúa solo con el ojo izquierdo, paciencia—; un par de patos mandarines, para el amor y la fidelidad, y una bola del mundo, para no parar de viajar y descubrir.

En definitiva, yo creo en todo lo que da buenas energías y aborrezco a la gente con energía negativa y a la que te manda malas vibraciones. El otro día, sin ir más lejos, mientras desayunaba con mi editora, una mujer nos ofreció romerito y nos leyó la mano de aquella manera, porque no dio ni una. La habíamos avisado de que no llevábamos dinero, pero se empeñó y, al terminar, nos pidió que fuéramos al cajero. Ante nuestra negativa, recogió el romero con muy malos modos y nos dedicó algunas frases negativas, a modo de conjuro, que ni entendimos. Ante estas situaciones siempre pongo las manos cruzadas del revés y digo: «Espejito, espejito, que todo lo que me desees vaya para ti». Creo que la única energía que se puede desear es la positiva. No gastes tiempo ni esfuerzos en quienes te caen mal, manda amor y buenos pensamientos a los que quieres.

La única energía que se puede desear es la positiva.

Las plantas y flores se utilizan desde tiempos inmemoriales para curar, pues en sus esencias hay muchas propiedades curativas. Sin embargo, hay que usarlas para bien. A mí me apasiona el mundo de los aceites esenciales, he comprobado, por propia experiencia, lo buenos que son. He hecho retiros formativos y creo que sé un poco de la materia. Los aceites esenciales me han acompañado a lo largo de la escritura de este libro y siento que forman parte de él. Como no podía dejar de compartir eso contigo, lector, al inicio de cada capítulo te propongo un aceite esencial por si quieres adentrarte en este universo apasionante y tan inspirador. Ya me contarás.

PRIMERA PARTE

Vivir intensamente,
si no ¿qué?

———

UN
ACEITE ESENCIAL

Lavanda, que representa a la madre.
La gente que repudia el olor a
lavanda es que tiene un problema
que resolver con su madre.

1.
FUEGO
Y *ganas*

«De Diógenes compré un día
la linterna a un mercader;
distan la suya y la mía
cuánto hay de ser a no ser.
Blanca la mía parece;
la suya parece negra;
la de él todo lo entristece;
la mía todo lo alegra.
Y es que en el mundo traidor
nada hay verdad ni mentira;
todo es según el color
del cristal con que se mira».

Ramón de Campoamor

Soy hija única y leo, y ambas cosas imprimen carácter. Nací el 31 de julio de 1986, casi un mes después de lo que se estimaba. Me gusta hacerme esperar. Por aquel entonces no había la exactitud de hoy en día respecto a las cuentas, y mi madre, Lucía Pariente, con veintitrés años recién cumplidos y la fuerza que siempre ha tenido, se disponía a hacer las maletas para irse de vacaciones a su pueblo, Nava del Barco, mi paraíso en la tierra. Mi padre, Carlos Carrillo, trabajaba en aquella época en el Parque de Atracciones de Madrid. Esa madrugada en la que las aceras echaban fuego, llegué yo. Y es que soy así, fuego y ganas.

La situación económica de mi madre y sus hermanos fue más que holgada durante la infancia: vivían en uno de los mejores barrios de Madrid, con chofer y esas cosas de niños pijos. Pero, al parecer, mi abuelo materno, al que nunca conocí, se volvía loco con las mujeres y hacía movimientos poco sensatos con su fortuna. Como era de esperar, llegaron los problemas económicos, y mi madre, una niña bien de la calle Marqués de Urquijo, se puso a trabajar en el videoclub de un centro comercial. A ella nunca se le han caído los anillos, es una mujer fuerte y saca cosas positivas de cada situación que enfrenta en la vida. Ya sabes a quién he salido.

Y es que soy así, fuego y ganas.

En el verano del 85, un chico llamado Carlos se acercó al videoclub a alquilar una película. Él venía de una familia mucho más modesta, pero a los hijos les daban siempre lo mejor. Vestía pantalón corto y polo blanco, venía de jugar al tenis. Sí, al tenis. Años después, una hija que ni él podía imaginar todavía se habría de casar con un tenista al que le quedaban igual de rematadamente bien los pantalones cortos. Ya lo ves: nada ocurre por casualidad.

Mi padre era un chico muy cuidado. Su hermano mayor, Juanjo, murió de leucemia a los catorce años. Una muerte así desestructura a cualquier familia. Unos días antes de la tragedia, mi abuelo Pepe lo había castigado sin ir al cine o al circo; hay dos versiones, según quién te cuente la historia. El remordimiento lo atormentó toda la vida y marcó el devenir del resto de sus hijos, a quienes nunca se les volvió a prohibir nada: todo les estaba permitido. Para que te hagas una idea del libre albedrío que reinaba en su casa, los amigos de mi padre llegaron a convertir el salón de mi abuela en un taller de motos. Sí, motos, como las que años después llevarían al padre de mi hijo Lucas a ser subcampeón del mundo. Te lo digo: nada es casual.

Pero no nos adelantemos a los acontecimientos, que era verano y hacía mucho calor. Esa tarde calurosa, nada más entrar mi padre en el videoclub, mi madre y su compañera de trabajo se apostaron una cita con él. Admitámoslo, la vida era mucho más divertida sin Tinder. Como te puedes imaginar, ganó mi madre, y solo tres meses después, el espermatozoide ganador de mi padre llegó a su óvulo y empecé a formarme. Ella tenía matriz infantil, con lo que figúrate el milagro.

Mis padres no estaban casados y empezó la odisea. Pero no te creas que se inventaron ninguna trasgresión: tampoco estaban casados mis abuelos cuando tuvieron hijos, así que podríamos decir que invertir el orden socialmente establecido del matrimonio y de la procreación es una tradición bien arraigada en mi familia. Con este historial, ¿cómo iba a salir yo una mujer fiel a los formalismos?

Tener un hijo sin estar casados en el año 86 no resultaba tan fácil, pero mi madre, tan de rompe y rasga, dejó en claro que no se casaría por el hecho de estar embarazada. Un hijo no es una excusa para unirte a alguien, eso es lo que me enseñó. Aún a día de hoy, creo que muchos no lo han aprendido, pero en mi humilde opinión, bien que se beneficiarían.

Un hijo no es una excusa para unirte a alguien, eso es lo que mi madre me enseñó.

Fui la primera nieta de ambas familias. En la de mi madre contaban seis hermanos —las gemelas, mi madre, los mellizos y mi madrina—, y en la de mi padre, cuatro —que pasaron a ser tres al morir Juanjo—. Fui casi como Fernando VII, la Deseada, y eso me ha marcado mucho la personalidad.

Las hermanas de mi madre llegaron al hospital para saber qué nombre habían decidido. Mis padres esperaban a un chico que se llamaría Carlos Alberto, y no tenían nombre para mí. Cuando dijeron el que decidieron sobre la marcha —no voy a revelar cuál, para no ganarme enemigos—, mis tías se pusieron a recordar experiencias con mujeres que se llamaban así y se negaron en rotundo a que mis padres me estigmatizaran nada más nacer con un nombre abocado al fracaso.

Tenían claro que empezaría con el nombre de mi madre: Lucía, y luego me pondrían el mío de verdad. Yo creo que cada uno debe tener entidad propia desde el principio y desde cero y que el nombre es importante, por eso nunca digo que me llamo Lucía. Cuando se repiten nombres, se hereda la energía de ese antepasado, por eso soy reacia a repetir nombres de la saga familiar, para evitar que los hijos carguen con hechos, sentimientos y comportamientos negativos que no les pertenecen. Una de las gemelas —hermana mayor de mi madre—, muy lectora, estaba leyendo *La casa de los espíritus*, de Isabel Allende, y debió de convencer a todo el público allí congregado de que debía llamarme como una de las protagonistas.

Alba. Me gusta. Me gusta sentirme llena de luz.

LA FORMA QUE TOMAN NUESTROS SUEÑOS

No puedo quejarme de la familia que me ha tocado. Mis padres siempre fueron unos modernos, y mi padre —sabedor de que su pareja era mucho más brillante y echada para delante que él— impulsó a mi madre en su carrera profesional sin el mínimo ápice machista tan arraigado en la España de los ochenta, en la que el hombre debía ser quien luchara por su carrera.

Acordaron que, por las tardes, mi padre me llevaría a ballet y se encargaría de mí. Él me acompañaba al conservatorio en metro y autobús, nunca se sacó el carné, y de camino me iba leyendo a Lorca, escuchábamos a Camarón y a Franco Battiato. ¿No es maravilloso? Siempre me traía bocata y plátano para el potasio, y muchas veces me hacía lentejas, por el hierro. Cultura con lentejas, la mejor combinación.

En mi casa, las mujeres siempre han podido brillar sin que un hombre sienta miedo por ello, y también los hombres han podido llorar y sentir sin miedo a ser juzgados. Estoy profundamente agradecida a ese hombre sensible y a esa mujer fuerte, porque todo esto lo ha heredado mi hijo y, para mi gusto, es el mejor legado.

En mi casa, las mujeres siempre han podido brillar sin que un hombre sienta miedo por ello.

Mi madre siempre ha creído en mí. Siempre, desde pequeña, me ha dicho que yo podía conseguir lo que quisiera. Me ha impulsado a soñar y a sentirme feliz aun siendo diferente en gustos y costumbres. Me dio la fuerza para creer en mí misma, porque, según ella, lo que deseas mucho se cumple. Siempre me contaba que, de pequeña, se enamoró de un osito rojo que vio en un aparador. Todos los días, después del colegio, iba a verlo y soñaba con tenerlo entre sus brazos. Un día, al darse la vuelta para marcharse a casa sin el peluche, encontró un billete en el suelo. Fue corriendo a comprárselo y lo tuvo muchos años, no como un tesoro encontrado, sino más bien como un sueño cumplido.

Lo que sueñas se cumple, es verdad; yo sé que soy el ejemplo vivo de su creencia. Ella soñaba con ser madre, aunque la cosa resultaba difícil por su matriz infantil. Pero aquí estoy, escribiendo este libro de corazón y compartiendo mi vida contigo, treinta y seis años después del verano en el que conoció al hombre con quien recorrería el camino de la vida.

Sí, los sueños se cumplen, pero a veces —ya lo sabes bien— la vida te concede tus deseos y cuando se materializan te das cuenta de que no eran lo que querías y que no te han hecho bien. Como dijo Oscar Wilde: «Cuando los dioses quieren castigarnos, atienden nuestras plegarias». También santa Teresa dijo: «Se derraman más lágrimas por las plegarias atendidas que por las desatendidas», aunque, como irás viendo, me representa más el dramaturgo que la santa.

Tampoco me quiero poner ahora muy profunda, pero me entenderás perfectamente si lo comparas con esa sensación de cuando te levantas por la noche con ganas de glotonear y piensas que no tienes nada en casa; sin embargo, abres el frigorífico y encuentras una tableta de chocolate que te da una alegría enorme porque la deseabas, pero cuando ya solo queda el papel, te entra un dolor de tripa terrible y maldices el momento en que encontraste lo que deseabas. Ay, ojito con lo que deseamos. El deseo es el motor que debe guiar nuestros pasos, pero debemos ser conscientes de las consecuencias que conlleva.

NO SOMOS UN VERSO PERDIDO

Mi abuelo materno, Rufino, a quien no conocí porque se fugó con una amante, al parecer era muy inteligente, y como la presente historia es mía, voy a pensar que esta característica la poseo y la heredé de él. ¿Qué hay de malo en ello? Como dice la frase: «No hay libro malo que no tenga algo bueno». Él fue ingeniero industrial en una época en la que pocos estudiaban.

Mi abuelo paterno, Pepe, es el hombre con quien más protegida me he sentido. Cuando murió, lo sentía muy presente, y aún hoy percibo su protección. Sé que me cuida y que, a veces, se echa las manos a la cabeza previendo el batacazo que se me viene encima, pero ambos sabemos que solo tenemos una vida y que debemos arriesgarnos a vivirla.

Solo tenemos una vida y debemos arriesgarnos a vivirla.

De mi abuela paterna, Eloísa, heredé el mimo por la estética y su sensualidad. De pequeña me quedaba embelesada con su ritual de belleza en la terraza de aquel piso bajo. Sacaba con delicadeza un gran espejo que apoyaba en sus rodillas, se maquillaba con destreza, se atusaba el pelo y se echaba laca con tal dulzura que se me ha grabado. Hoy sigo viviendo el ritual de cuidado como una especie de conexión con mi abuela. Siempre me hacía jurarle que cuando se muriera me iba a encargar de que se fuera al cielo con las uñas pintadas. Para evitar discusiones con la hermana de mi padre, no lo pude cumplir, y le pido perdón por ello desde aquí. Igualmente, cada día al ducharme y echarme mis cremas y potingues, la homenajeo en silencio, y así seguiré siempre.

Mi abuela materna, Delia, me enseñó la ternura y el amor a la familia. Ella tuvo dos partos gemelares y, a pesar de que debió de ser durísimo, hablaba de la familia con el mayor de los mimos. Cuando yo estaba cansada, ella me abrazaba y me daba masajes. Entonces sentía que esos masajes, que eran más emocionales que físicos, me correspondían para siempre. Ahora los echo muchísimo de menos, y es que hay cosas maravillosas, como los abuelos, que tienen fecha de caducidad.

Las margaritas me recuerdan a ella y, sobre todo, el pueblo en el que nació y que se ha convertido en mi oasis en medio del desierto. Cuando estoy triste o muy feliz, voy para allá, me siento en un montículo cercano al cementerio y le cuento cosas. Cuando estoy allí la noto cerca, y he comprobado que me da suerte, porque me llegan siempre buenas noticias: me contactan para un nuevo proyecto de trabajo, o un hombre con el que me escribo me declara su amor. Allí estoy con ella. Por eso, para mí, ir al pueblo es como un abrazo, el abrazo de mi abuela, y me siento segura. Ya ves que siempre me acompañan los abuelos, y es que, mientras recuerdas a las personas y honras lo que te han dejado, siguen aquí.

No podía hablar de mí sin hablar de ellos. Nadie es un verso perdido. Todos venimos de algún lado. Somos parte de un clan.

No solo se hereda el color de los ojos o la forma de los pies, también heredamos los miedos y los anhelos de nuestro árbol familiar. El temblor de la garganta al decir «Te quiero» o el arrojo y coraje ante los seísmos de la vida, el temor a perder el amor, los sueños inconclusos y los que llegaron a la vida para mover todos los cimientos.

Yo tengo claro que todos mis familiares y mis ancestros han dejado y dejan un gran legado en mí. Igual que yo soy parte de ellos sin remisión, a su vez todo esto —junto a la historia de la familia de su padre— forma parte del legado que recogerá mi hijo, no a modo de losa o lastre, sino de inspiración e impulso. Como en todas las familias, mi responsabilidad como madre es que lo malo no se perpetúe y se sane, y que lo bueno corra por nuestras venas y acciones como la savia corre por todas las ramas de un árbol.

> No solo se hereda el color
> de los ojos o la forma
> de los pies, también heredamos
> los miedos y los anhelos
> de nuestro árbol familiar.

Gracias a la vida por hacerme ser parte de mi familia. Gracias a ello soy quien soy y no me gustaría ser nadie más que yo misma. Además, como decía Oscar Wilde: «Sé tú mismo, los demás puestos están ocupados».

UN
ACEITE ESENCIAL

Ciprés, que ayuda a salir de nuestra
zona de confort y da fuerza de
voluntad.

2.
ATRÉVETE
O MUERE
poco a poco

«Muere lentamente quien
no viaja, quien no lee, quien no
oye música, quien no encuentra
gracia en sí mismo».

Pablo Neruda

Lo único que sé con certeza es que tengo esta vida, aunque la vida, como decía la obra de teatro, sea un sueño. No sé si subiré al cielo, al temido infierno o me reencarnaré. Lo que sí es seguro es que tengo una vida, esta, y quiero vivirla con ganas. Y espero que tú también la vivas así.

Sueño con hacer muchas cosas y para ello necesito tanto tiempo como sea posible. Siempre he pensado que cuando sea viejita, si es que eso llega a suceder, y ojalá se me concedan muchos años, porque adoro vivir… Cuando sea muy viejita, digo, quiero tener la sensación de que he vivido intensamente y, sobre todo, de no haber desperdiciado mi paso por este mundo. Y con vivir intensamente no me refiero a comerme la vida, vivir a lo loco y sin mesura, me refiero a utilizar este regalo que es la vida de la mejor manera posible.

Mi abuela Eloísa partió de este mundo cuando iba a cumplir su primer siglo, y digo bien, «su primer siglo», porque nos parecía que sería eterna. Ya que siempre mantuvo las capacidades mentales en perfecto estado, cuando hablaba con ella yo me preguntaba si disfrutó, vivió y exprimió la vida lo suficiente. Nunca se lo llegué a preguntar, porque, de haberme contestado con una negativa, creo que me habría hecho más daño a mí que a ella, pues no estábamos a tiempo de remediarlo.

Yo, en cambio, siempre he vivido todo lo que me pasa con total intensidad. Vivo el amor, la tragedia, la alegría, el descanso…, ¡todo!, con la máxima pasión de la que soy capaz.

PARADOJAS, SORPRESAS Y CONTRADICCIONES

Cuando era pequeña, por consejo del traumatólogo que visitamos a causa de mi problema de escoliosis, mis padres me apuntaron a ballet en una academia del barrio chiquitita y coqueta. No me gustaba mucho el ballet, pero sí el maillot y el moño de caracol que me hacía mi madre, y, como nunca me ha importado aprender, me pasaba las tardes yendo a bailar a aquella academia. Debí de hacerlo bien, o eso les dijeron a mis padres. Aplicada era, porque siempre que hago algo, desde pequeña, me dejo la piel.

Como la cosa pintaba bien y yo no me quejaba, me llevaron a hacer las pruebas para el conservatorio. Era alta y flaca y tenía buena percha —si es que una niña de seis años puede tenerla—, con lo que acabaron por admitirme. Pasaba las tardes bailando ballet clásico, flamenco y estudiando solfeo. A mí todo eso me aburría soberanamente; en cambio, me encantaba ver a los pianistas tocar para que bailáramos en directo. A veces no me enteraba ni del ejercicio que había que hacer ni de las explicaciones, pues me quedaba extasiada viendo bailar las teclas, ellas sí que bailaban bien.

Aprendí entonces que lo importante de la vida no es bailar, sino vivir bailando y, sobre todo, con la música que toque. Yo notaba que con tanto ballet no encontraba felicidad alguna dentro de mí, pero en cambio amaba los viajes en transporte público en los que podía leer junto a mi padre. Leía de una forma voraz. Era mi mayor regalo. Cuando llegaba a casa a las once de la noche, me ponía a hacer los deberes y, al día siguiente, vuelta a empezar. Mis padres, conscientes del gran esfuerzo que hacía, me prometieron que, por cada sobresaliente que sacase, me regalarían un libro. Así pues, empecé a traer sobresalientes a casa como hechos con una máquina de churros.

Lo importante de la vida no es bailar, sino vivir bailando y, sobre todo, con la música que toque.

Cuando tenía doce años, y agradeciendo la perseverancia y capacidad de esfuerzo que me había inculcado la danza, les dije a mis padres que en lugar de continuar con el ballet prefería quedarme leyendo en casa de los abuelos, y que a bailar fuera Rita. Sin embargo, tengo mucho que agradecer al ballet; entre otras cosas el pundonor que parece que ahora estamos perdiendo, y un talle divino. Porque me tiraba cinco horas al día con una goma en la cintura por encima del maillot, para recordarnos que debíamos meter la tripa. ¡Si lo pienso ahora, qué horror!

Me dio entonces por apuntarme a clases de guitarra. La contradicción *c'est moi*. Aún recuerdo muy bien las diminutas instalaciones de la academia de música del barrio, cerca de casa. Mis padres, almas de cántaro, me regalaron una guitarra buena y se ilusionaron con mi deseo de encontrar inspiración en la música. Empecé con muchas ganas, pero no estudiaba en casa y de semana en semana no progresaba. Cada lunes, mis compañeros y el profesor disponían los deditos con garbo y rapidez en los acordes y yo desconectaba de manera monumental.

Un día —no recuerdo bien qué canción andaban tocando—, mientras fingía mover los dedos causando algo más que un ruido sin sentido, empecé a cantar. Sí, arranqué a cantar, por lo que sospecho que la canción sería de Conchita Piquer. Me vine arriba y adquirí un nuevo lugar en la clase que me llenaba mucho más: el de cantante, por no decir «entretenedora de los ahí presentes».

Allí iba yo todos los lunes con la guitarra al hombro para cantar. Tocaran lo que tocaran, yo cantaba. Ya daba igual el género o la canción, el profesor me pasaba las letras y yo cantaba feliz.

Ni siquiera veía ya la necesidad de fingir que tocaba la guitarra y ahí me presentaba simplemente a amenizar las clases como la *show-woman* que era.

Cuando mis padres se enteraron de que pagaban clases de guitarra para que yo cantara, alucinaron, pero cuando se dieron cuenta de que ni sabía tocar la guitarra ni estaba aprendiendo a cantar, me sacaron de allí inmediatamente. «Quien quiera verte que venga a casa», me dijeron. Con lo que, de nuevo, me encontraba en un sitio haciendo una cosa distinta a la que se suponía que debía hacer allí.

NO BUSQUES ENCAJAR, LA VIDA NO ES UNA CAJA

Siempre he sido una friki con carcasa de tía buena. Estaba en el grupo de teatro del cole, me gustaban el arte y la lectura y me sentía, muchas veces, fuera de lugar. No fue hasta la adolescencia que empecé a hacer mi grupo de amigos del cole y a descubrir el mundo, la vida y las relaciones entre hombres y mujeres.

Al ir creciendo, encuentras personas que comparten tus gustos y tu manera de vivir, y entonces dejas de sentirte el bicho raro. Hay que tener paciencia, el mundo es muy grande, aunque cuando eres pequeña todo resulta más limitado. Nunca te sientas raro ni solo, siempre hay gente que compartirá tus aficiones y tu manera de ver y sentir la vida. A veces cuesta un poco más encajar, pero, a medida que vas creciendo, el mundo se amplía y acabas encontrando esas personas que también te andaban buscando a ti. ¿Recuerdas la historia del Patito feo? Ten paciencia y persevera en ti: tu cisne está esperándote, para volar.

Con la excusa de los libros a cambio de sobresalientes, me convertí en una gran estudiante. Llegado el momento de elegir entre ciencias o letras en el colegio —te sitúo: en mi plan de estudios, correspondía al tercero o cuarto de la ESO de ahora—, puedes imaginarte que tuve una grandísima crisis. Por un momento estuve tentada de escoger ciencias por los convencionalismos sociales, suerte que escapé de ahí.

Parecía que las ciencias eran mucho más dignas de alabanza que las letras. Me acuerdo de que repetían la frase: «El que vale, vale. Y quien no, para letras», y yo me vi en una encrucijada. Desde que la profesora de biología había explicado la ley de Mendel con sus guisantes, fantaseaba con estudiar Genética. Ya me imaginaba como una genetista reputada, con mi batita blanca en un laboratorio. Por otro lado, siempre me ha gustado la comunicación, me nutro de ella y siempre he tenido labia. Además, adoro el arte, el diseño y las manualidades, por eso pensé en estudiar Publicidad. Aquella crisis entre la ciencia y la creatividad se debía a que no sabía —como sí sé ahora— que en la vida todo se puede reconducir o cambiar, que puedes seguir formándote siempre y que no fallas nunca si lo intentas. Me gusta una frase que dice que hay que ir a por las cosas que quieres en la vida y el resultado será que o lo conseguirás o sacarás una enseñanza. Y me pregunto ahora qué es realmente lo mejor; si te digo la verdad, tengo dudas.

Hay que ir a por las cosas que quieres en la vida: o lo conseguirás o sacarás una enseñanza.

En esas edades la presión es terrible, todo el mundo te dice que elijas bien, que tu futuro está en juego y que tu vida depende de lo que hagas ahí. Es cierto que acertar a la primera supone una gran alegría, pero, ciertamente, a la mayoría de las personas no les pasa. Espero ser capaz de transmitir a mi hijo, llegado el momento, que en la vida no hay nada tan crucial y que, por suerte, siempre podemos reinventarnos y abrir caminos nuevos; sin dar marcha atrás, eso nunca.

Mi abuela Delia, la madre de mi madre, fue un gran ejemplo de ello. De joven se dedicó a lo que en aquella época era lo establecido, cuidar de la familia. Siempre leía mucho y le gustaba aprender, y tenía la espinita clavada de no haberse podido formar. Contra todo pronóstico fue a la universidad cuando se jubiló y se graduó con más de setenta años. Se graduó el mismo año que algunos de sus nietos y nos dio una gran lección de vida. No hay edad para cumplir tus sueños y menos aún para estudiar y formarte.

Así que, si ahora estás leyendo esto y tienes que tomar una decisión sobre cualquier cosa, te puedo decir: elige sin estresarte, no hay nada irremediable. Lucha por lo que quieres y hazlo tan bien como puedas. No tengas miedo, siempre hay tiempo para cambiar de rumbo.

Permítete cambiar, contradecirte. Ir al revés, a contracorriente. Romper con las expectativas, saltarte los planes. No hay nada más gratificante que improvisar y acertar, o pegar un volantazo y dar con un mirador con vistas, en el que no tenías pensado parar.

Permítete cambiar, contradecirte.

LAS PRIMERAS BRAGAS DE LA DISCORDIA

Siempre he sido muy lanzada. No tiene mérito porque forma parte de mi carácter. El caso es que nunca he tenido miedo al ridículo, y eso creo que más bien se debe a la educación que recibí. Si lo que haces cuando eres pequeña o pequeño se recibe como ridículo o irrisorio, tu personalidad se irá forjando retraída y tímida. Si, por el contrario, en tu casa te empujan a disfrutar y gozar sin miedo al qué dirán, vas aprendiendo a vivir sin frenos ni vergüenza. Mi abuelo Pepe siempre me decía: «Albita, el que tiene vergüenza, ni come ni almuerza».

No hay que dejar de hacer nada en la vida por miedo a las reacciones de los demás. Hay que tener en cuenta sus sentimientos, eso sí, no hacer nada que pueda producirles un daño objetivo, pero con relación a tus sentimientos, a tu forma de vestir, a tu forma de bailar, de expresarte, de vivir la vida, debes sentirte absolutamente libre.

Un verano, al que llamaremos «el verano de las bragas de la discordia», mi prima Bea y yo estábamos en el pueblo de la abuela pasando las vacaciones. Tendríamos seis y ocho años respectivamente. Siempre nos vestían muy cursis porque nos encantaba.

Adorábamos los vestidos, los lazos y las diademas, incluso los bolsitos minis. Quién sabe si eso influyó en que luego fuera modelo. Mi madre nunca me lo impuso, pero siempre potenció en mí el deseo de ser muy femenina, rayando, a veces, lo repipi. Una mañana salimos a la plaza a jugar con nuestros vestiditos y zapatitos a juego, y en una de las rondas de pillapilla nos sentamos a descansar en el banco de la plaza. Nos debimos de sentar de manera cómoda y despreocupada, como cualquier niño cuando juega. Qué bonito es eso en sus juegos, nada afectado, todo natural. Adoro a los niños cuando llegan de jugar con el pelo despeinado y sin poses ni artificios.

Mi prima y yo estábamos cogiendo aire en el banco cuando unos niños del pueblo empezaron a reírse y a decirnos que se nos veían las bragas. Figúrate. Yo me recuerdo cabreada como un mono sin resuello e intentando respirar, con el asma que siempre he tenido, mientras que mi prima Bea se puso a llorar porque era muy sensible y sensata y no le gustaba hacer las cosas de manera incorrecta o injusta. Llegamos, pues, muy afectadas a casa y contamos lo que había ocurrido. Mi madre y mi tía María Delia, que son dos pedazos de miuras y se han esforzado toda la vida por cambiar el devenir de los acontecimientos negativos, se pusieron a hacer chascarrillos graciosos para quitarle hierro al asunto, una cosa llevó a la otra y acabaron saliendo de casa con las bragas en la cabeza y al grito de: «Esto es un atraco, bragas en alto».

Con esa guisa y escoltadas por dos hijas que se debatían entre el orgullo más puro y la vergüenza ajena más brutal, llegaron a la plaza. Allí estaban los niños que nos habían espetado lo de las bragas, y, al ver a dos madres con bragas en la cabeza gritando: «¡Se ven nuestras bragas porque las llevamos y con orgullo!», se quedaron patidifusos, boquiabiertos, petrificados y sin saber qué hacer.

Tras ese verano no se volvió a hablar de bragas, y es que no hay nada mejor que un «¿Querías chocolate? Pues toma dos tazas» para que no se vuelva a hablar de algo. El tema murió por empacho, se habló tanto de bragas que se convirtieron en algo tan corriente que perdió todo interés. Ese interés pueril de los niños por la ropa interior murió porque no solo no nos hacía daño, sino que se convirtió en un himno, y como no le dimos más importancia, ya nadie volvió a intentar molestarnos con ello. ¿Si superé el hecho de haber visto a mi madre y a mi tía con bragas en la cabeza en medio del pueblo? Estoy preparada para casi todo.

Y es que, llámalo «braga», «pelo rosa», «bolso de unicornio», «lazos»…, lo que te dé la real gana, no solo tienes el derecho sino la obligación de ser tú. Tienes que poder ser tú siempre. No temas a sentir o expresarte como eres. Nadie tiene derecho a cuestionar cómo te sientes o quién eres. No debe ser algo radical, no hay prisa, como dice mi padre: «Sin prisa, pero sin pausa» empieza a ser tú.

No solo tienes el derecho sino la obligación de ser tú.

LIBRE AUNQUE TE EQUIVOQUES

Nunca he tenido miedo a expresar lo que sentía gracias a que en casa siempre me han dejado ser yo en mi pleno esplendor. Es una suerte inmensa que no todo el mundo ha tenido, soy consciente de mi privilegio. Si en tu casa no te dieron esta libertad, no pasa nada, pero ve haciendo pequeñas conquistas diarias hasta que logres expresarte sin pensar en el qué dirán.

Mi concepto de libertad se lo debo también a Vicente, mi profesor de filosofía en secundaria. Era de esos profesores que se te graban en el recuerdo para siempre, de esas personas que dejan una huella indeleble en tu manera de pensar para siempre y que hacen creer que otro tipo de enseñanza es posible: la de conectar con el alumno, la de hacerle sentir libre para compartir, la del respeto y el trabajo mutuo, la del compromiso con el proceso de maduración de cada uno, con el tiempo necesario para digerir las ideas.

Ese profesor nos hizo ver la película *El club de los poetas muertos* y estuvimos reflexionando mucho acerca de ella y la idea de libertad. Un día entró en clase cabizbajo, acompañado del jefe de estudios, para despedirse. Todos sentimos que era una injusticia que se marchara; desde el romanticismo trágico de unos adolescentes que empezaban a abrirse a la vida pensábamos que era por sus ideas «diferentes».

Yo, que fui siempre muy decidida, me subí a la mesa junto a mis compañeros y espeté: «Oh, capitán, mi capitán», como decían los alumnos del club de los poetas muertos. El profesor, claro está, acabó emocionándose y yo me sentí una especie de Agustina de Aragón o Juana de Arco. Con el tiempo supimos que cambió de colegio por elección propia, y no por nuestro argumento pueril. Ríete, pero para mí este detalle no cambia la historia.

Nunca he tenido miedo a expresar lo que quiero, defender lo que creo y luchar por lo que anhelo desde las entrañas. A mis amigos y familiares los animo a buscar la felicidad y a darse permiso a sí mismos para equivocarse sin miedo a que alguien los juzgue. No te avergüences de bailar cuando nadie lo haga, de cantar en un karaoke, de disfrutar de un disfraz que te apetece lucir… Y es que, si no te atreves a vivir, prepárate para morir por dentro poco a poco.

> Si no te atreves a vivir,
> prepárate para morir
> por dentro poco a poco.

UN
ACEITE ESENCIAL

Jazmín, que potencia el poder de seducción femenino. Conecta con el hedonismo, el gozo y el disfrute.

3.
ME ENAMORO DE *todos*

«Pero, aunque en amores sea tan ligera
que amo a los hombres como si fueran
ropa interior de quita y pon,
yo aún espero a un hombre entero,
guapo y feo, duro y tierno,
que se proponga mi redención».

Guillermina Motta

Lo que me maravilla el amor y lo insondable que resulta. Es como el mar; puede hacerte sentir libre, feliz y poderosa, pero también puede inspirarte miedo, inseguridad y respeto. Puede ser tan oscuro como la noche en el mar o puede ser tan maravilloso como un baño en Formentera, luminoso, como una ensoñación, algo perfecto.

Después del pequeño párrafo romántico de poetisa errante, debo reconocer que he amado mucho y me han amado mucho también, y eso es increíble. Agradezco cada momento de cariño que viví. Todos y cada uno de ellos. Y cuando sea anciana, si mi mente me permite recordar, estoy segura de que pensaré que he vivido como he querido y que el motor de mi vida ha sido el amor. No solo de pareja, aunque también.

Agradezco cada momento de cariño que viví.

Pero ¿quién lo tiene fácil con el amor? Desde pequeña he visto cómo se amaban mis padres, a su manera, y esto abrió la puerta a que yo me adentrara en la experiencia del amor como algo completamente natural a lo que podía y debía aspirar.

Sin embargo, a veces, mi sarcasmo e ironía me han impedido aflorar sentimientos escondidos, y todavía me pasa a día de hoy. El humor me protege, para mí es una armadura que me ha hecho mucho bien algunas veces, pero mucho mal algunas otras porque me ha impedido mostrarme tal como soy. Además, creo que en unas ocasiones me ha salvado, pero en otras me ha sentenciado a muerte, pues en momentos en los que tocaba abrir el corazón, me he muerto de miedo, he tirado del humor y del sarcasmo y me he ido a casa llorando por no haber dicho «te quiero».

LAS EMBAJADORAS DEL AMOR

Pero no adelantemos el drama, que ya llegará. Antes fluyen las hormonas, a las que llamaremos «las embajadoras del amor», y también del sexo. Porque, sí, mucho antes de que llegue el amor, todas y todos empezamos a refrotarnos con nuestros peluches, desde pequeños, y quien diga lo contrario, miente. Hay que esperar hasta la adolescencia, en cambio, para recibir la llegada del amor.

Recuerdo que ponía canciones y me imaginaba al niño que me gustaba y yo bailaba y bailaba que debían de cagarse en mi padre los vecinos de abajo. Yo taconeando unos zapatazos con la intensidad de las hormonas que hacían temblar el edificio. No sé cuántas veces debí de bailar el *Loca, ciega, sordomuda* de Shakira mientras me imaginaba en un escenario como ella y veía al fondo el chico que me gustaba. Cada día uno distinto, por supuesto.

Soy de naturaleza romántica, veo cosas buenas en todos los seres humanos; con un movimiento que me gustara de las manos al hablar, ya tenía elegido al muchachito de turno y empezaba mi baile mental con él. Y «hasta aquí puedo leer», como decían en el concurso.

> Soy de naturaleza romántica, veo cosas buenas en todos los seres humanos.

Al verme cada día prendada de uno distinto, mis padres me decían: «Alba, ¿aquí también te gusta uno?». Que me iba a la casa de la cabrera de mi tía Marimar, pues me enamoraba de uno de los integrantes de Bom Bom Chip, y esa tarde, a bailar en mi casa con sus canciones y soñando con él. Que me mandaban a Chipiona con sus amigos Antonio y Yolanda en verano, al niño de los dueños del restaurante de abajo le tocaban mis bailes mentales. Que me iba al pueblo con mi abuela, y venga a soñar con uno que llamaban el Lucerito, pues baile para ti también. Al final del verano había hecho más conciertos en mi mente que David Bisbal el año del *Ave María*.

AMOR TOTAL, DESAMOR SIDERAL

El primer amor —suspiro— es tan bonito y doloroso a la vez. ¿Verdad? Mi primer amor fue uno de los que hoy es de mis mejores amigos. Recuerdo nítidamente lo que me hacía sentir, las primeras miradas profundas de amor, cómo empecé a descubrir el cuerpo y la vida, verme desde fuera por primera vez enamorada…

Yo ya lo imaginaba como padre de mis hijos, abuelo de mis nietos y compañero vital. Qué ingenua, en este mundo que cada vez promueve más el *fast love* (que básicamente es *fast sex*). Mis padres andaban atónitos, le escribía una carta diaria antes de dormir, a pesar de que al día siguiente lo vería todo el día y de que acababa de colgarle el teléfono. Aún conservo las cartas que me escribía él de vuelta en una cajita que no me atrevo a abrir. Me da pudor. Esa era otra Alba y es como fisgonear en los sentimientos de dos enamorados. Además, las vería con mis ojos de ahora y estoy segura de que me reiría, y no quiero romper esos sentimientos tan puros guardados ahí. Lo conservo, pero no lo miro, me pasa con tantas cosas. No quiero romper la magia de lo que fue ni sentir añoranza de lo que ya no es.

Vivíamos muy cerca e íbamos al mismo colegio. Si entrábamos en el cole a las nueve, quedábamos a las ocho para besarnos en un portal. Eso sí que era amor, porque a mí ahora no me roba nadie una hora de sueño. Era tan inocente y absurdo que me parece precioso. Y es que el amor, si se mira bien, no tiene ningún sentido. Es completamente inútil y por eso es lo más valioso que existe. Yo ya me entiendo, y tú también me entiendes.

La ruptura fue un drama de proporciones siderales; la definitiva, digo, porque ya me había dejado un verano por una chica de la playa en la que veraneaba —que ahora lo pienso y lo encuentro lógico y normal, con dieciséis años y las hormonas en guerra—. El colegio entero se quedó conmocionado y tardamos un par de años en volver a hablarnos.

Esa ruptura condicionó mi forma de entender las rupturas: dramática, por no decir trágica, y también constructiva. Yo lloraba a mares, pero siempre con los libros en la mano. Ese año no dejé de estudiar, de hecho, creo que saqué más dieces que nunca, porque estudiar me focalizaba. Me quería cambiar de colegio, abandonar España, huir a otro planeta… Creía que se acababa el mundo. ¡Ay, Albita! ¡Qué inocente! Si el mundo justo empezaba. Pero no porque fuera joven sino porque la vida sigue después de cada experiencia. Nada es eterno, ni el sufrimiento, y nada termina sin que otra etapa empiece.

Ahora que me encuentro en la antesala de la adolescencia de mi hijo, procuro recordar lo que yo sentí en aquella época para comprender lo que él pueda sentir. Muchas veces, cuando nos hacemos mayores, se nos olvida lo que un día sentimos y nos volvemos poco tolerantes con los sentimientos de los más jóvenes. Ponte en los zapatos de quien ama por primera vez, tú también lo hiciste. Yo solo pido que Lucas se parezca a su padre y no sea tan absurdamente sufridor como yo en el amor, porque si no me esperan unos cuantos años más de dramas épicos de dimensiones siderales.

Nada es eterno, ni el sufrimiento, y nada termina sin que otra etapa empiece.

EL MUNDO, Y NO SOLO MIS PIERNAS, SE ABRE

En verano, mis padres me enviaban a estudiar a Estados Unidos y el año de selectividad no fue una excepción. Me encantaba, me marché a Filadelfia y conocí al que fue mi primer amor y mi primera experiencia sexual. ¿Y Filadelfia? Bien, gracias.

Recuerdo que en la cola de facturación del aeropuerto de Barajas ya nos mirábamos. Nos separaba una niña, que iba detrás de él y delante de mí. Los dos le preguntamos si sabía adónde iba el otro. FILADELFIA. Pensé: «Este va a ser mi verano». Y no me equivocaba.

Era el verano en el que yo cumplía dieciocho, había terminado la selectividad con notazas. En el avión nos tocó al lado —oh, destino—, y el monitor ya nos dijo: «A vosotros dos no quiero veros mucho tiempo juntos». Sabía la que se le venía. A mí me acogieron dos familias: una millonaria que luego se iba de vacaciones y en la segunda mitad del viaje, una familia modesta de una madre soltera con dos hijas que rondaban mi edad. Primero me instalé en la mansión. Increíble. Tenían una hípica en casa y todo tipo de lujos. Me quedé anonadada, pero aún más cuando sonó el teléfono de la casa y, a los cinco segundos de llegar, me llamaba este chico. Oh, destino.

Nos habían dado una hoja con todos los teléfonos de los demás por si teníamos algún problema. Me quería invitar al cine. Oh, Dios santo. ¿Mañana? Nos llevaría su padre de acogida y luego nos recogería. Una legión de mariposas se me instaló en el estómago toda la noche y me puse la canción de *Pienso en ti*, de Enrique Iglesias, en bucle. Ya era nuestra canción, aunque él no lo supiera. Y es que hay una canción de pareja y otra que te recuerda a esa persona y que te ha acompañado mientras la idealizabas. Y esa fue la canción con la que lo idealicé a él.

Al día siguiente me levanté feliz para hacer vida de rica antes de mi cita. Mi gozo en un pozo. Me esperaban en la puerta para acompañarme a la cuadra, donde me aguardaba una jornada intensiva de limpiar excrementos y acicalar animales. ¡Pero cómo podían cagar tanto! Esa primera parte del viaje no aprendí ningún idioma, pero sí que reforcé los insultos en castellano, porque lo único que hice era defecarme mentalmente en todo lo que se menea.

Pero, como dicen en el teatro para desear suerte: «¡Mierda!». Mi relación iba viento en popa. Cuando cambié de familia de acogida mi suerte cambió también. La señora Johnson era maravillosa, y sus hijas, adorables. La casa era más modesta y no íbamos a grandes restaurantes ni teníamos piscina, pero fui realmente feliz. Me sentí como una hija más, le pedí a mi madre la receta del gazpacho para agasajarlas, y mira si me querían que me dijeron que estaba rico y me organizaron una fiesta sorpresa por mi cumpleaños con unos días de antelación. Cumplí los dieciocho volando de vuelta a Madrid con mi novio tomándome la mano. Era la chica más feliz del cielo.

Ese agosto, con los dieciocho puestos porque yo quería perder la virginidad siendo mayor de edad —¡cosas de las cabezas!, no tengo explicación racional para este motivo—, lo hice por primera vez con él. Yo esperaba los fuegos artificiales de las películas, ver los episodios felices de mi vida pasar, que se abriera la flor; pero, nada. Y es que en el sexo y en la vida, lo que te da la alegría es la experiencia.

En el sexo y en la vida, lo que te da la alegría es la experiencia.

Seguimos los pasos como dos robots, sin pensar en dejarnos llevar y sentir. Ahora yo me quito la camiseta, ahora tú te quitas la camiseta, ahora yo me quito el cinturón…, en vez de dejarnos llevar y hacernos un ovillo de ganas y besos. La primera vez es emocionante pero no conoces la hoja de ruta y tienes inseguridades físicas que, con la edad, en una relación sexual te dan exactamente igual.

La primera vez será muy tierna, pero es de todo menos una relación sexual. Te da reparo tocar, mancharte, estremecerte, todo resulta descompasado e incómodo y te juzgas sin cesar. No hay que agobiarse, la experiencia va dando seguridad hasta que desaparecen la duda y el miedo a disfrutar libremente.

La buena noticia es que, con los años y la práctica, se vuelve algo imprescindible en la vida. Como comer sano, hacer deporte, beber los dichosos dos litros de agua al día y una copa de vino —que, si tienes mi problema en las piernas, ya sabes, se te abren—, te lleva de vuelta al sexo, se cierra el círculo y vuelta a empezar. Y ese es el círculo sano que deberían recomendar todos los doctores. A mí, por cierto, si me cambian uno de los dos litros de agua por vino lo agradezco, porque el agua no me entra, hija.

SIEMPRE PISANDO A FONDO

No me fui yo a Filadelfia sin haber hecho mi trabajo. Tenía un 8,6 de media entre bachillerato y selectividad, y la nota de corte rondaba el 7 en la Universidad Complutense. El día antes de volar rumbo al amor, rellené la solicitud.

En el documento te instaban a poner distintas opciones de carreras y universidades. Yo quería estudiar Publicidad en la Complutense y tenía nota de sobra, así que solo rellené la opción que quería. Mis padres, por si acaso el demonio enredaba, me insistían para que pusiera alguna más, pero yo estaba segura y decidida, no añadiría ninguna otra opción que la que realmente quería. Ellos se resignaron y se quedaron con el papel para matricularme. En octubre comencé la carrera de Publicidad y Relaciones Públicas en la Complutense.

El primer año fue increíble. Yo, que venía de un colegio privado en el que me firmaban las notas, estaba en una universidad pública, era mayor de edad y llevaba la ropa que me apetecía en vez del uniforme de cuadros escoceses que me había acompañado toda la infancia y la adolescencia. La moda se abría ante mí: vaqueros, vestidos, botas… y no solo como una opción de fin de semana. El mundo se ensanchó como no podría haber imaginado. En febrero de ese curso académico, y después de un número incontable de clases prácticas, me saqué el carné de conducir. Al profesor le gustaba hablar conmigo, que doy palique incluso a las farolas, y me animaba a tomar clases y clases porque le parecía muy graciosa; hasta que mi madre, que no encontraba tan gracioso pagar por entretener a nadie como en guitarra, me dijo que o me presentaba al examen o me pagaba yo las clases.

Aprobé y me regalaron un coche. Fue el primer carné de la familia y todo pintaba muy bonito. En mis sueños, claro. A mi madre, que veía fatal hasta que se operó los ojos, le daba miedo conducir. Mi padre es un ser ecologista que ya en los 2000 defendía el transporte público para reducir la contaminación. Para celebrarlo —ay de mí— fuimos a cenar a Príncipe Pío. Lo elegimos porque se trataba de un sitio conocido y me daba menos miedo. El coche que me habían comprado era maravilloso, descapotable, azul, un primor, salvo porque marchaba con gasolina y, acostumbrada al diésel de la autoescuela, no había quien lo domara.

Imagínate, sudaba la gota gorda como si estuviéramos en el Sáhara, y me saltaba los semáforos en rojo como si me persiguiera la policía para no parar y que se me calase, un horror. Si veía una cuesta a lo lejos, empezaba a rezar y a encomendarme a todos los santos y me entraba un sudor frío y unos calores por todo el cuerpo. Al llegar a Príncipe Pío a las nueve de la noche un día entre semana, a tope de coches en la glorieta, me agobié en un semáforo, lo calé y ya no supe cómo salir del bucle, así que bajé del coche y literalmente hui dejando a mis padres —sin carné— dentro del vehículo. Loca perdida. Mi padre, además, iba en la parte trasera y quedó retenido sin poder salir, ya que había que mover el asiento delantero y no sabían cómo. Finalmente, los dos benditos salieron del coche entre pitadas y sudores y lo empujaron hacia un lado; hasta que volví y me tranquilicé para aparcarlo en el aparcamiento del centro comercial. Recuerdo esas caras de vergüenza por el espectáculo que dimos y, sobre todo, porque sabíamos que después de cenar ¡nos quedaba la vuelta!

Después del primer año de carrera, estudiando poquísimo pero aprobándolo todo, faltando a clase y viviendo entre fiestas, cervezas y patatas bravas, decidí que necesitaba hacer algo más con mi vida. Así que el curso académico siguiente empecé Arte Dramático porque me dio por ser actriz. ¿Acaso mis padres no se habían conocido entre películas?

Por las mañanas iba a Arte Dramático y por la tarde, a Publicidad. Pronto me di cuenta de que lo que me gustaba de verdad no era actuar, sino la dramaturgia: leía literatura dramática a la velocidad de la luz y llegué a escribir una obra de teatro inspirada en la enfermedad de mi abuelo y la vida en un hospital. Ya me ves, de nuevo en un sitio al que fui por una cosa, pero en el que me quedé por otra.

Y es que la vida, como ya todos sabemos, tiene sus propios guionistas, y al mío le dio por los giros de guion.

UN
ACEITE ESENCIAL

Geranio, que mejora la percepción
de ti mismo. Aumenta tu
autoestima. Te hace sentir
orgulloso de ti.

4.
SOMOS UN
puñetero MILAGRO

«Si has nacido sin alas,
no hagas nada para impedir
que te crezcan».

Coco Chanel

Un día de junio de 2007 me presenté a *Supermodelo*. Llevaban un mes anunciando el casting en la radio y yo no tenía ningún interés en ir. Mis amigas de la universidad, que me veían adecuada para ello, me animaron a apuntarme. El día del casting teníamos un examen y volvieron a recordármelo. Yo les dije que solo iría si me salía bien el examen. Era una empollona, así que allí acabé. También fui por petición de mi abuela, que estaba recién operada de un cáncer de estómago en el hospital Ramón y Cajal. Se encontraba en una habitación aislada y, cuando fui a verla, tuve que ponerme un traje EPI para entrar a darle la noticia: me habían seleccionado.

Al llegar al lugar de la prueba, que era en unos grandes almacenes, me pusieron la pegatina con el número 2150, nunca se me olvidará. En la prueba de vídeo triunfé porque me daba realmente igual. Había niñas que iban preparadísimas y llevaban horas allí, yo iba por azar y ese mismo azar me encontró.

La directora de casting me preguntó si comía bien y yo, con mi desenvoltura natural, le dije: «Mi abuelo pasó una guerra y vino de Barcelona andando por los caminos y comiendo bellotas, y siempre me ha dicho que con la comida no se juega». En ese momento me reí, pero eso fue algo que me seguí encontrando en todas las experiencias como modelo: los juicios por la comida y por la delgadez. Muchas personas se creen que las modelos están enfermas. No, señores, alguna lo estará, igual que muchas personas que no se dedican a eso. Lo que sucede es que son mujeres con una estructura física diferente; que, por cierto, según los cánones de belleza de otras épocas o culturas no serían cuerpos dignos de alabanza. Ser alta y delgada es una morfología que tenemos algunas y no tenemos que pedir perdón por ello ni soportar el constante «estáis enfermas». Nuestro cuerpo es distinto al tuyo y eso no nos hace ni mejores ni peores, ni conlleva ningún mérito especial, porque simplemente somos así.

Muchas personas flacas también tienen complejos y se les hace mucho daño «echándoselo en cara». Por eso, trata de valorar tus virtudes y no te centres en lo que tienen los demás. Y es que, repito, nada físico debería ser un arma arrojadiza. Vivimos en una sociedad profundamente cínica. En algunas pasarelas rige una norma en relación al índice de masa corporal (IMC), que es un número que se calcula con base en el peso y la estatura de la persona. Ahora sí, pero cuando era más joven nunca llegué a los estándares de ese dichoso índice, que en el caso de las pasarelas se trata más bien de una medida política de cara a la galería que de una herramienta para demostrar una posible enfermedad.

Trata de valorar tus virtudes y no te centres en lo que tienen los demás.

Nunca he tenido problemas con la comida y, sin embargo, en alguna pasarela tuve que ponerme sujetadores con pesas de pesca para ajustarme al IMC. Era muy común ver a los *booker* —los representantes del mundo de la moda— cambiando a las niñas los sujetadores en el baño para que dieran el peso. Aunque si hubiéramos cumplido con el IMC dudo mucho que hubiéramos cabido en la ropa, también te lo digo. Menuda contradicción.

MODELO POR CASUALIDAD

El concurso fue bien y quedé finalista: cuarta. Al año siguiente, Silvia Salleras, una de mis compañeras de *Supermodelo* y hoy una de mis mejores amigas, y yo nos mudamos a Barcelona por petición de la agencia que nos había fichado. Nunca en la vida he comido tantas patatas bravas por ansiedad y he comprado tantas cosas innecesarias como en aquella época. El primer cuatrimestre no me había presentado a ninguna asignatura y yo estaba viviendo allí la *dolce vita*.

Cuando llegó la primavera, llamé a mi madre para hacerle saber que iba a abandonar los estudios de la universidad porque estaba muy feliz con mi vida de modelo. Mi madre se mostró muy comprensiva y me colgó. Yo, alucinada y creyendo que me había salido con la mía, le comenté a mi amiga el éxito de la llamada. Cinco horas y media después, recibí una nueva llamada de mi madre: estaba llegando a Barcelona, que preparara las maletas porque nos volvíamos a Madrid.

No podía abandonar la carrera en cuarto, y en Madrid habría otras agencias para compatibilizar trabajo y estudios. No era negociable, no había más que verle la cara; en el fondo de mi ser, sabía que era lo correcto. Hoy en día, con la carrera terminada y a punto de finalizar la segunda —Criminología, que la estudio por puro placer y curiosidad—, me alegro mucho de que mi madre no me dejase tirar por la borda los estudios universitarios. Ay, de verdad, ahora sé muy bien lo difícil que resulta ser madre y me recuerdo muchas veces la frase :«Los hijos saben lo que quieren, pero no lo que es bueno para ellos». Y el trabajo de las madres y los padres es ir enseñándoselo de la mejor manera posible.

Llegué a ser modelo por casualidad. No era en absoluto vocacional, nunca quise ser modelo y nunca barajé esa opción. Todo empezó como un juego en un casting, pero la vida no ha parado de enseñarme que tú haces unos planes y ella te coloca en el lugar que quiere. También puede ser que yo me lo busque, no te digo que no.

Supermodelo 2007 fue mi salto a la fama. Mucha gente aún me para por la calle y me dice que me sigue desde entonces. De la experiencia saqué una de mis mejores amigas; Silvia, mucho aprendizaje y conocimiento y, sobre todo, la posibilidad de una profesión: el modelaje, que tantas cosas buenas me dio a nivel económico y personal, pues gracias a ello viví muy bien y también conocí al padre de mi hijo.

La vida no ha parado de enseñarme que tú haces unos planes y ella te coloca en el lugar que quiere.

LO MEJOR DE TI

Ya he dicho que yo en realidad soy una friki con carcasa de tía buena. Y me gusta serlo. Estoy orgullosa de ello. Friki, según el diccionario, significa: «Extravagante, raro o excéntrico». Me encanta. Y no puedo evitarlo: soy una friki con carcasa de tía buena. Digo «carcasa» porque el físico para mí es algo que recubre mi verdadero yo, que se encuentra dentro. No obstante, me siento orgullosa de mi cuerpo y no lo desprecio para nada, al revés, lo adoro, igual que estoy satisfecha de mi parte mental y espiritual. ¿Quién dijo que había que elegir entre ciencia y apariencia? Diría que el noventa por ciento me encanta, pero hay cosas que cambiaría. Aun así, siempre le he prestado más bien poco tiempo y no mucha dedicación.

Al final, y al principio, la parte física no la has escogido tú: puedes entrenar, operarte y cambiar cosas, claro, pero es algo que no depende de ti. Por eso, fustigarse por tener celulitis es una pérdida de tiempo: estás al albur de las hormonas y de la genética, y así sucede con todo nuestro cuerpo. Yo siempre digo de broma que nunca tuve celulitis hasta que fui madre y explico que le «echo la culpa» al embarazo de lo que he tenido toda la vida, al igual que hace la gente que se opera la nariz porque «respira mal» o demás excusas.

Uno se opera porque le da la real gana y no tiene que poner excusas para ello. No dejas de ser estupenda, ni pierde valor tu belleza. La ciencia y la medicina nos dan la oportunidad de cambiar cosas que no nos gustan, y tenemos todo el derecho del mundo a hacerlo sin vernos obligados a poner excusas peregrinas. Pero también sabiendo el lugar que queremos que el físico ocupe entre nuestras preocupaciones y sin dejar arrastrarnos por la presión social o lo que opinen los demás.

En mi caso, el cuerpo nunca ha sido objeto de muchas preocupaciones. Me gustan las personas atractivas y estoy convencida de que eso le pasa a uno por la cabeza. Siempre he tenido obsesión con llenar la mollera y hasta después de la pandemia no me he puesto a hacer ejercicio de forma regular, algo que ahora considero un error. Siempre rodeada de deportistas, cuya vida giraba en torno al cuerpo, y ahora reconozco que me causaba rechazo tanta obsesión por el deporte. El deporte es algo que he degustado en soledad, y es que, como dicen, cada uno hace las cosas cuando él mismo está convencido, por mucho que le digan.

Mi cuerpo es como es y, si algo no me gusta, sin excusas, puedo cambiarlo. Porque la carcasa me mejora, pero no me define. Yo no soy otra si me opero o me hago tratamientos, porque mi exterior no me define. Sin embargo, ¿por qué siempre nos centramos en lo que no nos gusta de nosotros mismos? Estoy segura de que sabes cuáles consideras tus defectos, tanto físicos como de personalidad, pero no conoces bien tus virtudes. Cuando preguntas: «¿Qué es lo mejor de ti?, la gente suele responder: «Dicen que... las piernas, el pelo o la boca», «Dicen que soy amable, simpática». ¿Como qué «dicen»? ¿Quién te debe decir lo que es bueno en ti?

Tú sabes lo que tienes de bueno y lo que te gusta de ti, y si no lo sabes, ya va siendo hora. Céntrate en ver tus rasgos positivos, pero no desde un positivismo pueril o de libro de autoayuda barato, sino encontrándole un significado.

> Tú sabes lo que tienes de bueno y lo que te gusta de ti, y si no lo sabes, ya va siendo hora.

Yo amo mis piernas, mi pecho y mi sonrisa. Todo ello lleva la firma de mi familia. Mis dos abuelas tenían un pecho precioso y lo he heredado. Mis padres, ambos, lucen unas piernas estupendas. La sonrisa con hoyitos es Pariente y, cada vez que sonrío, me acuerdo de mis primas. No me gusta mi culo, no es de esos redonditos y respingones, es más «culo carpeta», como el de mis padres, ambos. Y siempre he luchado contra la celulitis. No me gusta mi nariz, que es muy Carrillo y tiene una bola en la punta que siempre he aborrecido, aunque la gente me comenta que me da personalidad. Pues, para ellos. Esa bola no me define, si me la quitara no dejaría de ser la persona que soy, porque mi valor es mi forma de ser.

Mis pies son enormes, pero no me han generado nunca complejo. Sí que me han causado muchas risas. Siempre digo que no debo ir nunca en una primera cita a la bolera, porque si digo que calzo un cuarenta y uno puede ser mortal para según quién. También te digo que allá él, porque yo no estoy dispuesta a fingir que uso un treinta y ocho y sufrir dos horas con el pie comprimido, y menos aún a llegar a casa y encontrarme con el pie de gárgola, que a ver quién se va así a la cama. ¡Los complejos, al carajo!

Como decía María Félix: «No es suficiente ser bonita, hay que saberlo ser». Rellena la carcasa, lo de fuera perece y hay que tener lo de dentro preparado. ¡Pobre del que solo sea guapo! La carcasa no depende de nosotros. Podemos cuidarnos, comer bien, hacer deporte, hacernos tratamientos u operarnos, pero nuestro color y tipo de piel, los rasgos, la altura, etc., no dependen de nosotros. Nos han tocado en la lotería de la vida por la combinación de dos personas en la ruleta de la genética.

LA TRAMPA DE LA CARCASA

Lo de fuera comunica, para bien o para mal, y muchas veces erróneamente. Lo de dentro, en cambio, nos define. Yo siempre he tenido intereses que, prejuiciosamente, no suelen atribuírsele a una mujer rubia de metro ochenta. Me gustan el teatro, el cine clásico, la literatura. No tiene mérito, solo es lo que siempre me ha emocionado. Pero sí que dejo que eso me defina.

De adolescente prefería leer que salir, e ir a museos en vez de a discotecas, y ya digo que no tiene un mérito especial. Es igual de loable que cualquier otra afición. Pero es cierto que esos gustos, sobre todo en los noventa y los 2000, se asociaban a personas raras.

En el grupo de teatro, en mi época, siempre estuve con el distinto de la clase, al que le gustaba la Grecia clásica, era un poco regordete y no ligaba. Nunca se apuntó a teatro el guaperas que las traía a todas locas. Y he ahí la trampa. Ni el guaperas tiene que ser tonto y limitarse a jugar al fútbol, ni el regordete un coco, ni por tener tripa dejas de ser sexy, ni la guapa es lerda. Esos prejuicios son muy dañinos, por eso siempre me he sentido una friki atrapada en un cuerpo de tía buena. «Con este cuerpazo que tienes, ¿y te pasas el día leyendo?». Al carajo. Quién dice cómo debes ser y qué hacer. ¿En qué libro de la sabiduría universal explican cómo tiene que ser cada uno según los atributos físicos?

Con los años he aprendido a admitir que mi cuerpo y mi forma de ser, sentir y expresarme, junto con mis aficiones e intereses, conforman lo que soy, y puedo ser como quiera por dentro y por fuera, sin miedo a no encajar en los estereotipos caducos.

La belleza también es una trampa. Mi físico ha sido un hándicap muchas veces y me ha obligado a demostrar doblemente mi capacidad intelectual o mi cultura, igual que lo ha sido también mi desparpajo. Se acercan a ti un determinado tipo de hombres y no otros quizá mucho más interesantes porque, debido a los estándares físicos a los que estamos sometidos, piensan que no tendrán nada que hacer contigo.

He tenido que batallar mucho con el prototipo de niña mona y tonta que me han asignado desde bien pequeña, haciéndome esclava de los libros porque debía demostrar que yo no era solo eso. Ser rubia, delgada y medir uno ochenta no siempre ha sido un regalo.

Ahora lo veo así porque sé quién soy y porque no he dejado que nadie me defina, pero he llorado mucho. En las fotos del cole siempre me ponían atrás con los chicos, y una vez me declaré a uno y la respuesta fue que era muy alta. Cosas percibidas como «dones» pueden resultar lastres durante mucho tiempo, hasta que aprendes a valorarlo. Me pasa también en las relaciones de pareja, cuando lo que les atrae de mí al principio —el desparpajo y la espontaneidad, que para mí son mis dones— termina siendo lo que les asusta y les aleja. Ellos se lo pierden. Yo no.

No dejes que nadie te defina. Ni tú mismo.

Lo que les atrae les acaba repeliendo, porque no es igual querer conquistar que tener. Y las atracciones del cortejo suelen convertirse en atributos cansinos y difíciles de tolerar con el paso del tiempo. «Deja de hacer bromas», «¿Puedes callarte?» o «No digas eso» son frases que me han perseguido en relaciones con hombres que se sintieron atraídos por mi físico y mi simpatía, y luego les resultó demasiado. Claramente, ese no era mi sitio.

Nadie que «te compre» para luego modificarte merece estar contigo. No necesitas un escultor ni un orfebre, no eres un diamante en bruto, ni una persona a medias. Si necesitas mejorar o pulir algo, debe ser conforme a tus tempos, tu evolución y necesidades personales, no para sofocar las ansias que siente tu pareja de encarnar en ti el efecto Pigmalión.

TÚ ERES TU MEJOR CREACIÓN

Somos un puñetero milagro, pero de verdad. El hecho de que un óvulo y un espermatozoide se unan y, sin mediar de ninguna manera, en el proceso se forme un ser humano me parece brutal. La existencia en sí ya es un prodigio de la naturaleza.

Recuerdo que con quince años bajaba con mis amigos a lo que llamábamos «El parque de Nacho» y me anudaba un jersey en la cintura porque me veía el culo grande. Aunque fuera verano en Madrid, me anudaba el jersey por si luego refrescaba. Ahora, lo recuerdo y pienso: «No solo no debería haber llevado el jersey, sino que debería haber ido desnuda». Era una auténtica monada y vivía acomplejada por algo que ahora anhelo. Esos años en los que estás desarrollando las caderas y te ves el culo gordo y te sientes muy mujer. Todas nos tapamos el culo, igual que los pechos, como en una especie de ritual para salvaguardar nuestra niñez y negarnos al cambio.

Ahora recuerdo esos días con mis amigas y siempre digo: «Deberíamos haber ido desnudas». Qué pena que para valorar las cosas que poseemos sin esfuerzo tenga que pasar el tiempo. Esos cuerpos de niñas transformándose, esas caderas, incluso esos granos pueriles por los que ahora mataría para sentirme *teenager*… deberíamos haberlo celebrado. Se lo digo a mis amigas: «No hay mejor bótox que una buena espinilla en la barbilla». Los granitos que con catorce años me tenían horas probando toda clase de potingues para secarlos —pasta de dientes, cremas, aceite de árbol del té— y rezando para que nadie los viera…, ahora los llevaría orgullosa, con un luminoso «Miren mi barbilla, tengo espinilla porque soy una jovenzuela».

Si echamos la vista atrás, qué gozada de carcasa teníamos, *coñe*. Por eso amo mucho mi cuerpo ahora y me abrazo algunos días antes de la ducha frente al espejo, porque sé que lo que tengo hoy algún día lo añoraré, porque el cuerpo es efímero y tengo que disfrutarlo en cada momento.

Me gusta mirarme los dedos y disfrutarlos, porque un día no fueron y algún día no serán, las piernas, la cara... Somos un puñetero milagro. Miles de espermatozoides y llega uno al óvulo, y eso se transforma en un ser humano. Nunca he hecho nada mejor que a mí misma, y sin pensar. ¿Por qué nos empeñamos en ver lo malo cuando tenemos tanto, tantísimo de bueno? A veces casi vemos la vida como una carga, en lugar de ver el increíble milagro que es.

¿Por qué nos empeñamos en ver lo malo cuando tenemos tanto, tantísimo de bueno?

Felicítate. Quiérete. Venérate. Tú eres tu propia obra. Tú eres tu mejor creación.

SEGUNDA PARTE

La vida es un teatro

———

UN
ACEITE ESENCIAL

Cardamomo, que tiene como
propiedad emocional la capacidad
de ayudar a digerir y a sobrellevar las
situaciones difíciles.

5.

SI QUIERES QUE EL *diablo* SE RÍA DE TI, HAZ *planes*

«No me despiertes, si duermo,
y si es verdad, no me duermas.
Mas, sea verdad o sueño,
obrar bien es lo que importa».

Calderón de la Barca

«La necesidad de ser correcto es la
muestra de una mente vulgar».

Albert Camus

Hay días en los que te despiertas y te das cuenta de que lo que te está pasando no es un sueño, sino que es real. Es la peor sensación, querer dormir porque únicamente así te sientes liberado de la carga de la vida. Sí, carga. A veces el día a día nos resulta tan duro que la pesadilla es despertar. Como dice mi psicóloga: «Lo importante es reducir la intensidad y la frecuencia de las crisis». Que te vayas tomando con menos intensidad los momentos dolorosos y que duren lo menos posible. El dolor puede llegar a ser adictivo, yo lo experimenté en mis carnes hace unos años, y hay que tener cuidado de que no se convierta en nuestra zona de confort.

> Lo importante es reducir la intensidad y la frecuencia de las crisis.

UN GUIONISTA EXIGENTE

Cuando empecé este libro, en enero de 2023, me encontraba en un momento vital buenísimo, o eso pensaba. Solo unos meses después, con el libro a medio escribir, mi vida se puso patas arriba. Fue como si el destino me hubiese dicho: «Vamos a ver si lo que estás escribiendo, estos aprendizajes y enseñanzas que dices haber adquirido, los tienes realmente interiorizados. Vamos a ver si pones en práctica esa sabiduría y esas lecciones de las que tanto hablas. Vamos a ver si estás tan preparada y eres tan echada para delante como presumes. Vamos a ver si realmente puedes encarar un revés con tan buena cara y sin despeinarte, como pone aquí».

Escribir de memoria sobre el dolor y la felicidad no le parecía suficiente al guionista de mi vida para este libro. Ya veis que es un tipo exigente. Ahora, a mitad del proceso de escribir, que tanta ilusión me hacía, me encuentro empezando de cero en prácticamente todos los ámbitos de mi vida.

Escribir de memoria sobre el dolor y la felicidad no le parecía suficiente al guionista de mi vida para este libro.

Antes de Semana Santa estaba conociendo a un chico que había despertado en mí las ganas de creer de nuevo en el amor. Tenía mi puesto de colaboradora en un programa de la tele desde hacía cinco años y lo consideraba mi estabilidad. Acababa de inaugurar, con mis socios, una clínica médico estética. Todo, aparentemente todo, marchaba muy bien. Me fui de vacaciones a Canarias con mi hijo y estuvimos felices, descansados, y yo me sentía enamorada de la vida. Lista para la vida, como rezaba el título.

Nada más volver, como un castillo de naipes, la vida que pensé que quería y tenía se desmoronó. Y es que, como dice mi padre: «Si quieres que el diablo se ría de ti, haz planes». El domingo, ruptura con el susodicho. El martes, multa de Hacienda por un pago que me llegó antes de recibir la nómina. Y el jueves, el aparente despido. Digo «aparente» porque no me habían dicho nada en persona, pero ya aparecía en todos los digitales: fin de mi trabajo como colaboradora fija en el programa y anulación de mis trabajos en el resto de las productoras y de la publicidad en la cadena donde llevaba trabajando ininterrumpidamente desde 2016. Y mi hijo malito, con fiebre. Todo junto. Jódete.

Cuando me empezaba a preocupar por algo, venía un día peor con un mal mayor, y lo que me parecía el fin del mundo pasaba a ser el menor de los problemas. Siempre se puede poner peor la cosa. ¿Eso es un consuelo? Sea el consuelo, pero al menos descubrimos que podemos soportarlo todo. Nunca digas que no se puede ir a peor, porque siempre queda otro escalón más para bajar cuando viene la tormenta.

Solo unos meses atrás —en vísperas de las Navidades, en pleno huracán mediático tras una fiesta de la productora en la que trabajaba— me encontraba sumida en una desazón enorme por todo lo que estaba aconteciendo. A la vez, me llamaron del colegio diciéndome que Lucas se había caído y que no paraba de sangrar por la nariz, debía llevarlo al médico de inmediato. Entonces me di cuenta de que la vida me anclaba en la realidad y de que yo me preocupaba de más por algo que no merecía la pena. Eso sí era importante, la salud de mi hijo, y todo lo demás dejó de importar.

Solemos decir que todo lo malo viene junto; lo que yo creo es que cuando estás en bucle en la negatividad, la vida te muestra qué es lo importante. De camino al colegio, deseé en silencio que me sucediera mil veces todo lo que acarreó aquella dichosa fiesta a cambio de que mi hijo estuviera bien. Así de relativos son los problemas.

Cuando estás en bucle en la negatividad, la vida te muestra qué es lo importante.

REMAR A FAVOR EN RÍO REVUELTO

El día de la noticia del aparente despido, me fui a dormir exhausta de tanto llorar y de ponderar la injusticia.

Me levanto regular. Pongo la tele, aún veo esa cadena, tengo una especie de síndrome de Estocolmo. La que era la productora del programa en el que trabajaba, y que presenta el suyo, aparece hablando de los derechos de los trabajadores. Suena el teléfono, es mi abogado: «Pero, Alba, ¿cómo es posible que hayas concatenado contratos temporales de tres meses durante cinco años?». Cuelgo y lloro. Apago la tele, no quiero ni verla. Al final, lo más cómodo es pertenecer a ese grupo que mira y calla y se rodea de los que mandan para intentar tener el culo siempre calentito en su puesto. Yo nunca he sido de pelotear, creo que no se me daría bien, se vería falso. Si alguien me cae bien, se nota, y si me cae mal, también.

«Tu productora está luchando con la dirección de la cadena por mantenerte», me dice todo el mundo que lee los digitales. Pero, vamos a ver, ¿cómo es posible que a mí todavía no se me haya comunicado nada y que todos los periódicos digitales se estén haciendo eco de un supuesto veto? Si fuera tonta me sentiría humillada. Sin comunicarte nada, tu empresa, que es un medio de comunicación, ya tiene en la calle la noticia de tu «despido».

«Será porque te personaste en la causa de la operación Luna», dicen unos. «No quieren a nadie que tenga demandada a ninguna de sus productoras». Lo entiendo, pero la operación Luna —o Deluxe, o como quieran llamarla— es una supuesta trama de espionaje que me investigó a mí y, lo que es peor, a mi hijo. En la vida todo tiene un límite y yo tuve que ponerlo para proteger mis derechos y los de mi hijo, faltaría más. Ya no soy la chica de 2016.

Tras tantos titulares, me puse a pensar y llegué a una conclusión que es personal y que quizá no sea la acertada. Pero, a falta de información oficial, una rellena huecos como en la Gestalt. Si yo dirigiera una empresa que sufre grandes pérdidas y quisiera hacer «limpieza» con el fin de transmitir que estoy renovando plantilla para empezar una etapa más pulcra, como cabeza de turco elegiría a alguien que hubiera tenido conflictos por no dejar menoscabar su dignidad —tenemos excusa—; una persona que, además, fuera mediática, para que la noticia de nuestra «nueva política» corriese por los digitales, y que fuera tan pazguata que no pudiera tenernos «agarrados por los huevos» con cosas que supiera de nosotros... Si fuera esa directiva, yo también habría despedido a Alba Carrillo.

También te digo que eso lo habría pensado si no fuera una directiva muy lista, porque Alba Carrillo es sinónimo de audiencia, porque las marcas pedían su colaboración a Publiespaña, porque es fiel y rema a favor aun cuando le ponen la bota en el cuello, y porque considerarla una pazguata sin información es presuponer mucho. No soy nocturna, pero me entero de todo. Para mí ha sido siempre evidente que se trata de una cuestión política y que han cambiado a algunos jefes —o jefas— que no me soportan debido a temas personales conmigo y con mi madre; y me lo han hecho saber de la forma más vergonzosa posible, para ellos, no para mí, castigándome con el pan de mi hijo. Tranquilos, arrieritos somos —aunque tú ahora seas arriera con título— y en el camino nos encontraremos.

Sea como fuere, llegó el día de la reunión oficial. La cadena había pedido a una productora que se deshiciese de mí en nombre de ellos: «La cadena quiere caras nuevas», me dijeron. ¿Me puedo reír? ¿El noble italiano, la gallega sevillana y todos esos son caras nuevas? Lo sé, no hice madrina de mi hijo a la dueña de la productora, pero eso no me convierte en una cara antigua.

Me despidieron en tiempo récord. No había nadie de Recursos Humanos, ningún abogado para hablar con el mío, ninguna de las dos jefas supremas de la productora, aunque solo hubieran estado presentes por fingida deferencia. Estas dos personas me sonrieron mucho, al principio, pero no me dieron ni carta de despido ni certificado de empresa, ni nada de nada, y me dejaron en la calle sin derecho a paro. Gracias. Adoro las palabras huecas y faltas de soporte práctico que utilizan algunas personas muy duchas en el arte de halagar para que te sientas tranquilo y no te revuelvas mientras te hacen una «jugada» o, de manera más coloquial, «te ponen mirando a Cuenca» o te clavan entre las escápulas un puñal del tamaño de la catedral de Burgos.

La comunicación es poder, bien lo saben los directivos y directivas, y bien que la usan a su favor y a la contra de quien les interese. Yo he aprendido la lección, y tengo claro que aprovecharé cada oportunidad que me brinde la vida para dar mi opinión, para hablar alto y claro y para criticar aquello que considero injusto.

UN
ACEITE ESENCIAL

Eucalipto, que ayuda a abrirse, a
la comunicación y a la toma de
decisiones.

6.
LA DIFÍCIL
MAGIA DE SER
auténtico

«La libertad de expresión es decir
lo que la gente no quiere oír».

George Orwell

«Es propio de aquellos con
mentes estrechas, embestir
contra todo aquello que no les
cabe en la cabeza».

Antonio Machado

Creo que en general —pero en la televisión más— es fundamental ser sincero con tu público. El público actual está muy informado; no estamos ante los espectadores de televisión de hace años, que se sentaban a ingerir todo lo que quisieran ofrecerles sin cuestionarse nada. Ahora todo el mundo sabe mucho, se informa, investiga, opina y comenta. Creo que la transparencia es fundamental, incluso en caso de que haya errores, o más aún entonces. Admitir que te has equivocado es imprescindible si lo has hecho; no merece la pena ocultar información y tratar de engañar al espectador, porque eso se penaliza de manera brutal. Como persona, perdono antes un error que un intento de engaño o una mentira deliberada; como espectadora, por supuesto, también. Si el espectador no percibe sinceridad pierdes tu credibilidad, y con razón.

> Perdono antes un error que un intento de engaño o una mentira deliberada.

En la cadena para la que he trabajado muchos años con enorme desazón, en mi opinión, falta esto. Transparencia e igualdad. Transparencia, porque no vale con querer ser moderno y transgresor, hay que ser honesto con quienes nos ven; e igualdad, porque no es admisible que en una cadena libre haya dobles raseros en todo.

No puedes promulgar una cosa y hacer otra. No pueden pedir una cosa a los de abajo mientras que los de arriba hacen otra; los puestos superiores deberían ser los primeros en dar ejemplo.

Como en casa, los padres deben dar ejemplo a los hijos, en vez de decir que no se chilla mientras les increpan levantando la voz. No es serio y da una imagen nefasta de los líderes de una empresa, que deben aplicarse sus propias reglas.

> No vale con querer
> ser moderno y transgresor,
> hay que ser honesto.

A mí me han instado siempre a que dé la cara o aclare las noticias que salían sobre mí. Me parece normal, es lo que debemos al público los que comentamos y hablamos en programas de televisión. No se puede tener la libertad de comentar cosas sobre otros y hacer el avestruz cuando llegan las tuyas. Si tienes la valentía de hablar de otros, también debes hacerlo cuando te toca a ti. Ojalá los altos cargos cumpliesen con la mitad de lo que promulgan para los últimos del escalafón.

DETRÁS DE LAS CÁMARAS

Me gustaría que cierta presentadora y productora de cierta cadena se sentaran a aclarar ciertos asuntos relacionados con un excomisario del Cuerpo Nacional de Policía. Si no es verdad lo que se dice y se lee, convendría aclarárselo a tu público, que merece transparencia por su fidelidad cada mañana; y si se trata de una información veraz, hay que dar la cara, como se nos pide a los demás ante una noticia.

Al nuevo presidente de la pasada cadena gloriosa —y actual cadena triste—, algunos medios lo relacionan con un dinero no declarado y un expresidente de Francia. En medio de una campaña que pretende limpiar la imagen de esa cadena, como poco me sorprende esa noticia. Desconozco absolutamente el tema, pero, por respeto a sus trabajadores y al público y ya que lidera una empresa de comunicación que quiere someter a altas temperaturas de tintorería, lo mínimo —bajo mi punto de vista— sería aclarar esos titulares que tanto pueden dañar. Si yo fuera su consejera de comunicación, desde luego, no lo dejaría pasar. Si se quiere transmitir transparencia y sinceridad y una comunicación veraz con el público, hay que remangarse y dar explicaciones.

Me gustaría recordar —y más me gustaría que se acordaran de ello los directivos a veces también— que la televisión no son solo los que salen en pantalla. Hay un equipo enorme de personas detrás para que todo marche bien: seguridad, limpieza, cocina, sastrería, iluminación, sonido, cámaras, peluquería, maquillaje, estilismo, decoración, ayudantes, becarios y un largo etcétera que merecen el mismo trato y consideración que los que salimos en pantalla.

> Si se quiere transmitir transparencia y sinceridad y una comunicación veraz con el público, hay que remangarse y dar explicaciones.

Muchos de los que desempeñan las tareas de sonido, maquillaje o peluquería han sido despedidos sin miramientos después de trabajar en condiciones muy deficientes durante años, y aun siendo el principal valor de la cadena. Yo siempre me he llevado mejor con la gente que hay detrás de cámaras, porque me gusta la gente sin ego, normal y sencilla, de la que, por cierto, aprendo todos los días una barbaridad.

Me gusta la gente sin ego, normal y sencilla.

Tengo que decirles desde aquí, y a modo de sencillo homenaje, que fue un placer enorme trabajar con ellos. La alegría cuando llegaba a maquillaje y a peluquería, las confidencias con el equipo de sonido, los ratitos con los cámaras o regidores, los abrazos de Mónica —que es una limpiadora que siempre me ha abrazado cuando me ha visto llorar—, los saludos alegres de Juan y Nacho —de seguridad— al llegar a trabajar y sus despedidas a la salida. Los que han trabajado conmigo allí saben cuánto los admiro y echo de menos.

Si quieren mejorar la cadena, creo que deberían tomar más en cuenta su trabajo y dedicación y, en muchos casos, mejorar sus condiciones laborales; no echar a aquellos profesionales que llevan años para ahorrar, pues eso también va en detrimento de la calidad que se ofrece al público: a los espectadores hay que cuidarlos, porque gracias a ellos, los anunciantes pagan, y de eso comemos los que nos dedicamos a este negocio. Si no das calidad, no esperes fidelidad.

Durante un tiempo después de la pandemia, no había aparcamiento ni transporte, no había maquillaje, no había peluquería… Yo pensaba que en cualquier momento nos pedirían que trajéramos el micro de casa y nos grabáramos con un móvil. Es como si a un panadero le exigieran hacer pan sin harina o a un médico no le dieran guantes ni bisturí. Los anunciantes seguían pagando los anuncios y entraba el dinero, pero los gastos se redujeron, por lo que tuvieron que obtener jugosos beneficios.

Fue una larga batalla —de años— volver a conseguir, por ejemplo, peluquería y maquillaje, ¡en una televisión! Que si fuera la radio lo entendería, pero la tele, señores, es imagen. Y luego queremos que el público nos vea a pesar de ofrecerle ínfima calidad.

CUANDO IMPERA LA LEY DEL SILENCIO

Las productoras han ganado mucho dinero en ese canal, durante muchos años, invirtiendo bien poco. Por eso, al llegar la crisis de la cadena, se les hizo un mundo. Con muy poca inversión ganaban mucho, y no entendían que ahora tuvieran que hacer un esfuerzo económico mayor en detrimento de su propio beneficio. Si hay poco para todos, nos adaptamos; pero si hay mucho dinero para algunos mientras que a otros no les llega nada, surgen los problemas y las incomodidades. Hay que repartir mejor los presupuestos, señoras productoras.

En la productora de la cadena para la que he trabajado cinco años de manera continuada pero sin contrato fijo, no he tenido derecho a vacaciones pagadas, ni paro después de que me echaran, ni me ofrecieron un contrato digno cuando tocaba, y todo eso no son caprichos míos. Son derechos fundamentales constitucionales que amparan a todos los trabajadores y que se han logrado con mucho esfuerzo. Con la de vigilancia y penalizaciones que se aplican a cualquier otra empresa por pequeña que sea, se me escapa cómo es posible que en esta cadena se salven de inspecciones y multas.

De igual modo, vejaciones, insultos y tratos que en cualquier otro trabajo serían un *mobbing* de libro, nutrían el contenido de la cadena, con la excusa del entretenimiento. También en la antigua Roma se gozaba con el espectáculo de gladiadores contra animales y condenados a muerte, pero hoy en día nos parece una verdadera locura. Y es que, bajo el paraguas del entretenimiento, no puede valer todo. Resultan inadmisibles la humillación, los insultos y la difusión de rumores de manera continuada.

Como muchos de los contratos y condiciones son deficientes en derechos, muchos trabajadores —aun en situaciones complicadas— guardan silencio para no perder el trabajo y poder dar de comer a su familia. De haber contratos indefinidos, como estipula la ley, no imperaría la ley del silencio ante las injusticias por miedo a perder lo poco que se tiene. Aprovecharse de la necesidad de trabajar que tienen las personas no me parece la manera adecuada de hacer marchar las cosas; por mucho dinero que me reportase, yo no podría dormir tranquila aprovechándome de ellas así.

SI FALLA LA TRAMOYA, FALLA EL TEATRO

Bajo mi punto de vista, la consecuencia de desconocer los límites morales es que te acabas cargando el sector de la prensa rosa, y eso es lo que ha hecho esta cadena. Han vulgarizado tanto a los famosos con mentiras, retorcimientos y bulos sin contrastar que han suprimido del negocio la pátina de glamour que incitaba a todo el mundo a querer saber de los personajes públicos.

El programa que se ha emitido tantos años, desde la sobremesa al informativo de la noche, ha causado un daño atroz a muchas personas.

En mi caso, he vivido épocas de ansiedad y llantos durante tardes enteras, desde las cuatro de la tarde hasta las nueve de la noche, cuando acababa. Han dicho mentiras, han retorcido información sobre mí y han exprimido temas que alejaban de la veracidad sin un ápice de remordimiento. Siempre he pensado que debería estar penado. Y como yo, habrá habido muchos famosos que se hayan sentido tan acorralados, humillados e injustamente tratados que hayan tenido en mente la idea de abrir el balcón y tirarse.

No os podéis ni imaginar las tardes de miedo en las que, aunque no pusieras la tele, se te llenaba el teléfono de mensajes y llamadas. Si no lo veías, te llamaban; si no, se plantaban en la puerta de tu casa, incluso metieron la mano en mi buzón y me grabaron la correspondencia, anotaron mi dirección y trazaron el recorrido en un mapa hasta la casa de mis padres, y así, suma y sigue.

Sin límite y sin freno, bajo la excusa del entretenimiento y sin ningún impedimento legal ni moral. Por esta razón, hay famosos que no quieren ir a ciertos programas ni a ciertas cadenas. Primero, porque no se paga bien, segundo, porque a nadie le gusta que lo despellejen vivo en directo. Yo siempre lo he dicho: en esa cadena, sabes cómo entras, pero nunca sabes cómo vas a salir.

El hecho de que me enterara por la prensa y no por ellos de que ya no podía volver demuestra una carencia de humanidad brutal que ni siquiera me sorprende. Protegen a quienes quieren, y a quienes les da la gana los pisotean sin compasión.

Como han hecho suya la patente de corso pirata, yo he tenido que sufrir muchas veces que me acusaran de cosas inciertas. Una vez declararon que me había marchado de un programa en el que no me dejaban entrar, pretendían alimentar el mito de la abandona platós; otras veces decían que había dejado plantados programas o espacios, cuando en realidad no se había firmado aquello que me pedían.

Incluso han hecho show de una caída que tuve en maquillaje, en la que me rompí el radio; resulta que tenían los cables por el suelo y se me enrolló el tacón. Me grabaron en el suelo con intención de emitirlo, hasta que me planté, me puse firme y me negué a que lo hicieran.

Mientras tanto, para no pagar el transporte, planearon que me llevara a la mutua un chico de producción, en mi coche. Qué importaba que no supiera conducir coches automáticos. Al ver que no tenía ni idea y agarrándome el brazo de dolor, le pedí que no nos la jugáramos y solicitara un coche a producción. La idea que tenían era que mi madre me fuera a recoger a la mutua y ya se llevara mi coche, así se ahorraban también el pago del taxi hasta mi casa. ¡Hasta ese nivel rateaban la pasta! A costa de la seguridad de las personas.

Lo peor es que te destrozan moralmente muchas veces y luego la Seguridad Social no reconoce las bajas psicológicas como bajas laborales. Señores, no es lo mismo una baja por depresión, por enfermedad, por divorcio o cualquier otro tema personal que una baja causada por humillación pública en el trabajo. Así pierde siempre el trabajador, haciendo suyo el refrán: «Además de burro, apaleado».

El maravilloso mundo de la tele en la antigua cadena gloriosa —y actual cadena triste— no es tan espectacular como aparenta, y luego se quejan de que hace aguas. A nadie le extraña este naufragio, si tiene más grietas que el Titanic.

MODERNA, LIBRE Y CON MORDAZA

La censura existe, a veces es sutil y se deja caer en las reuniones: «De arriba dicen que no se hable de esto», «De esta persona, chitón», etc. Como ejemplo, el divorcio de uno de los presentadores que peor me caen de la cadena. Es de esos señores de rancio abolengo y, para mi gusto, rancio todo.

Yo tenía importante información sobre él que, por supuesto, no me dejaron mencionar: «Bertín está blindado desde arriba, que no se diga nada».

¡Ups! Se me ha escapado el nombre como si de una flatulencia se tratara. Discúlpenme. Hay divorcios y divorcios: de algunos se habla como si consistiera en una peregrinación a Lourdes; de otros, como si fuera una cena entre Putin y Zelenski. Hipocresía. Mientras que por un lado se blinda lo que ellos deciden, filtran y manipulan lo que ellos quieren.

No se puede ser libre con mordaza. En tiempos en que los medios de comunicación tienen censura, ¿cómo queremos que la gente se informe de una manera crítica? El hecho de ondear la bandera de la libertad en un medio de comunicación que tiene leyes desiguales para informar y que amordaza literalmente las ideas que le apetece nos hace retroceder a tiempos pretéritos en los que, al menos, la falta de libertades tenía un nombre. Y es que, ya se sabe, si te mueves no sales en la foto y si no bailas el agua te dejan sin taconear.

La limpieza debería empezar por los apolillados despachos y por frenar el vituperio de la información a su antojo. Ser independiente y amplio de miras no se reduce únicamente a hablar de sexo libre.

Ser modernos a base de hacer apología del desenfreno no significa en absoluto ser libre si luego no puedes hablar con total libertad. Frente a las cámaras, mucha doble moral, y en los despachos, tomando decisiones injustas: carcas.

> Ser independiente
> y amplio de miras
> no se reduce
> a hablar de sexo libre.

Pero no se debe a la falta de presupuestos en todo, no se debe a los sueldos cada vez más bajos, no se debe a la nula inversión en platós o decorados, no es que haya cero investigación y desarrollo, no. El problema somos los más vulnerables de la fila, que debemos de molestar. Chivo expiatorio: presente.

UN
ACEITE ESENCIAL

Manzanilla, que mejora
la comunicación y canaliza
las emociones y la expresividad.

7.

QUE ME QUITEN LO *bailado*

«Ella está loca pero es mágica.
No hay mentira en su fuego».

Charles Bukowski

La verdad es que la tele me hizo feliz desde el primer día. Me hace feliz. Me gusta y siento que valgo para ello, soy objetiva y conozco lo que se me da bien y lo que no. No me miento. Sé que no ganaría un concurso de matemáticas, por ejemplo, porque no me gustan y nunca han contado entre mis habilidades.

Uno tiene que conocer sus puntos fuertes y débiles, y yo sé que he nacido para la comunicación. Y mi hijo, por cierto, lo ha heredado; es supercomunicativo, se expresa genial y tiene carisma, atrapa. Y eso es fundamental a la hora de comunicarse. Hay gente de la que no te llega el mensaje por mucho que lo intente y por mucho que sepa. Yo sé que a algunos espectadores les gusto y hay otros que no me pueden ni ver, pero no dejo indiferente a nadie. Ha habido personas que me han asegurado que no me soportan pero que no pueden dejar de verme porque las «atrapo».

Para comunicar hay que ser magnético y, aunque se puede trabajar, lo tienes o no lo tienes. Igual que una mente espacial o matemática, la cual no tengo. Eso es entender que hay inteligencias múltiples y que cada uno tiene sus virtudes, y, afortunadamente, no todos las mismas.

DE LA TELE AL CIELO

Igual que la moda no era algo vocacional porque no me permitía expresarme en todo mi esplendor, la tele me da la vida, y también me la complica bastante. En mi carrera en televisión he vivido momentos durísimos y momentos maravillosos. He conocido a gente estupenda y a gente que me podría haber ahorrado conocer; sin embargo, puedo decir que he disfrutado mucho.

Empecé en un programa de modelos. Allí aprendí mucho, porque no tenía ni idea del mundo del modelaje, y acabé como siempre en mi vida, encontrando mi futuro por azar y donde nunca destacamos dentro del cuerpo.

Después estuve varios años dedicándome a los estudios, a la moda, a tener a mi hijo y a amar intensamente, hasta que volví a la televisión.

Acabé encontrando mi futuro por azar y donde nunca lo hubiese imaginado.

Glamour TV, en Nova, supuso mi primera oportunidad como presentadora, la conseguí a través de la agencia de modelos con la que trabajaba. Recuerdo con mucho cariño a Ana García Siñeríz, la productora del programa. Era algo muy pequeñito, pero formamos una bonita familia durante el tiempo que duró. Tenían la oficina en un ala del palacio de Liria, en la calle Princesa de Madrid, y era una fantasía ir allí a trabajar.

Me propusieron entonces colaborar en un programa de mujeres en Televisión Española, *Amigas y conocidas*. Yo tenía veinticinco añitos y compartía mesa con la grandísima Loles León, mi querida Paloma Gómez Borrero y Teresa Bueyes. ¡Qué maravilla de mujeres! Me moría de la ilusión el día que me llamaron para arrancar el proyecto, con Alberto Maeso como director y capitaneadas por Inés Ballester. Era un espacio muy cómodo, siempre lo recordaré como un tiempo muy dulce. Me enseñaron mucho y me llamaban «ahijadita» o «la niña». Todas fueron muy generosas conmigo, me ayudaron y me dieron su cariño. Aún las recuerdo a las tres en mi boda con Feli, saludando desde el Alcázar de Toledo a todos los que aclamaban sus nombres. Mujeres llenas de alegría y cariño que me dieron muchas cosas buenas.

Después de eso llegó Mediaset. A la cadena de televisión en la que más tiempo he trabajado le debo el pan de mi casa durante varios años, pero no ha sido gratis. En numerosas ocasiones me he sentido tratada injustamente y muy humillada. Empecé a trabajar allí en el contexto de mi divorcio de Feli —en 2016— y con una depresión en ciernes que contaré más adelante. Iba medicada hasta las orejas y era muy reactiva. Estaba en un proceso de profunda vulnerabilidad y eso les encantaba. Era impredecible, manipulable, explosiva y muy mediática. Puro espectáculo. Tenía todos los ingredientes para convertirme en un juguete roto, también en un buen cogollo de dinero para ellos.

Cuando me recuperé anímica y emocionalmente gracias a mi esfuerzo y a la red de apoyo de mis amigos y familiares que sufrían por mí y me daban consejos que no interesaban a la cadena, me volví mucho menos «graciosa» —léase «manipulable»—. Siempre habían valorado mi rapidez e ironía, pero en cuanto empecé a marcar límites y a decir que no, ya no me miraron con tanto cariño. Con los años —y tras varios intentos de extralimitarse conmigo, ante los que me planté incluso de forma legal—, acabaría saliendo por la puerta, para orgullo y tranquilidad de los que me quieren. Y es que la gente que te quiere bien, te quiere en paz.

LA PARADOJA DE LOS MÁS GRANDES

Mi vuelta a Mediaset fue con *Hable con ellas*, un programa con cinco presentadoras y que ha sido uno de los momentos más felices en mi vida laboral. Trabajé con mujeres increíbles que me aportaron muchísimo a nivel personal y profesional. Siempre he lamentado que fuera tan corto y siempre he añorado volver a trabajar en ese formato. Era divertido pero elegante, travieso pero veraz. Es un pedazo de programa como la copa de un pino, y las presentadoras que ha tenido siempre han sido mujeres muy top.

Me tocó hacer el casting con las otras mujeres: Rocío Carrasco, Sandra Barneda y Mónica Martínez, creo que todas me sacaban más de diez años. Faltaban dos plazas, la de Sole —interpretada por el gran actor Josep Ferré— y la mía. Yo iba nerviosa y con muchas ganas de dar la talla. Recuerdo que lo primero que me llamó la atención lo he ido corroborando a lo largo de los años, y es que cuanto más grande es alguien en lo profesional, más humilde es como persona. En el casting tenía que hacer, junto con mis compañeras, una entrevista a Lidia Lozano, quien también estuvo divertidísima. En cuanto llegué, todas se presentaron y me dieron dos besos muy cariñosos. Nunca se me olvidará que Sandra, que parece más seria y me imponía mucho, me dijo: «Tranquila, te vamos a ayudar a que te quedes». Me dieron tanta confianza que terminé bailando con Lidia un chuminero y me dieron el trabajo.

Cuanto más grande es alguien en lo profesional, más humilde es como persona.

Hable con ellas. Para mí no hay formato más fresco, libre y decididamente feminista que este. En mi edición estuvieron quienes ya he mencionado, pero en otras temporadas lo presentaron Yolanda Ramos o Marta Torné. Es el programa en el que más feliz he sido y lo recuerdo como un regalo de vida.

Lo que me sucedió con esas compañeras —de las personas más brillantes que he conocido a nivel profesional y las más humildes, humanas, educadas y especiales— lo viví también el día en que conocí a Rafa Nadal, en una escena que resume a la perfección esta paradoja de los más grandes. Yo estaba en una silla, en un espacio que había en las escaleras de Roland Garros, esperando al que era mi novio.

Pasaron por allí todos los tenistas y todos me ignoraron. Él fue el único que se paró y me dijo: «Tú eres la novia de Feli, ¿no? Yo soy Rafa». Y me dio dos besos. Recuerdo que lo besé en *shock* y conmocionada por su grandeza. Me dijo su nombre, ¿se puede ser más mono? ¡Cómo no iba a saber que era él!

El verano con Sandra Barneda, Rocío Carrasco y Mónica Martínez fue precioso. Vivía deseando volver a ver a esas mujeres tan inspiradoras, curtidas en la vida, sensibles y divertidas. Me aportaron tanto a nivel profesional y personal que siempre las tendré en mi corazón.

Ese verano yo estaba en pleno divorcio de Feli y sobrellevando emocionalmente la depresión, y Rocío y Fidel llamaban cada día a mi madre: «¿Cómo está la niña? Que salga de la cama». Llamaban a mi *repre*: «Si está mal, te la traes a casa». Y me cuidaban en el plató, abrazándome y dándome unos besos que regresaban mi alma al cuerpo. Esa pareja son de las mejores personas que he conocido.

Era el verano en el que ellos se iban a casar, y además no les devolvieron a su hijo. Estaban sufriendo y, aun así, me aconsejaban y se preocupaban por mí. Agradezco tanto su cariño que pasaron a formar parte de mi familia. Siempre me tendrán y los querré.

Supuso un regalo en forma de oasis dentro de mi depresión. Creo que para todas era terapéutico vernos. Íbamos hasta arriba de medicación y, como medida de salvación, nos entregábamos en cuerpo y alma a ese programa y a sus pruebas divertidas. Un día pusieron un castillo inflable lleno de jabón para que nos tiráramos, éramos como potrillos desbocados. Yo me reía porque Ro trepaba como una cabra montesa, la facilidad que tenía para subir hasta la cima del castillo y tirarse por el tobogán era digna de admirar.

Creo que ella se había tirado cinco veces y yo estaba intentando coronar la cima por primera vez. Nos sentíamos como unas niñas que se olvidaban de sus problemas y nos dimos en cuerpo y alma al castillo. Cuando me resbalé y caí en seco sobre la rodilla, no sabía si reír o llorar, pero sí sabía que no me podía mover.

El programa tenía que seguir y ellas se marcharon. A mí me pusieron hielo, pero antes de irme al médico pedí entrar para despedirme. Buscaron una silla de ruedas, que las llevaba medio desinfladas, y Josep me metió en plató dándome contra toda esquina y pasillo; yo iba dolorida, aunque riéndome con ganas. Antes de acudir al médico me despedí con el arte de una folclórica y, menos mal, al final soy una suertuda, porque ese día se llevó a cabo en plató la famosa anécdota de José Luis Moreno, quien atacó vorazmente a Sandra y yo me libré. Porque seguro, pero fijo, que, de haber estado, me habría metido en el fregado; y yo, ese verano, bastante tenía.

UN TECHO DE ESTRELLAS

Adoro ser colaboradora, pero también he disfrutado mucho como concursante de *reality*. Mucha gente tiene prejuicios sobre los *realities*; sé que no son lo más intelectualmente elevado que te puedes zampar de toda la oferta cultural. Pero igual que a los veinte no quise escoger entre mi físico y mi mollera, tampoco he sentido nunca la necesidad de escoger entre lo serio y lo divertido. La vida es muy variada, señores, y muy corta también, y estamos aquí para pasarlo bien, para reírnos, disfrutar y dejarnos llevar. Para mí, diferenciar, juzgar o escoger entre la alta cultura y la baja tiene el mismo sentido —cero— que diferenciar entre amar tu cuerpo y cultivar tu mente. ¿Por qué privarte de disfrutar de ambas? Ese es otro de los estereotipos y prejuicios contra los que he tenido que luchar toda la vida y que, por cierto, ha llevado de cabeza a muchas personas sobre mí: ¿guapa?, ¿lista?, ¿culta?, ¿disfrutona? ¡Los prejuicios, al carajo!

A quien te diga que no puedes leer a Lorca y luego partirte de risa viendo cualquier chorrada en el sofá de tu casa, dile que se está quedando un poco antiguo, que esas diferenciaciones ya no se llevan. Y en los *realities* —y os lo dice una que ha estado en los más importantes del país y en todos ha llegado a la final— se aprende muchísimo, tanto de una misma como de los demás. Son un laboratorio privilegiado para comprender el comportamiento humano, tan complejo y fascinante.

Supervivientes es el *reality* más maravilloso del mundo. Sacó lo mejor de mí, desconecté y me devolvió la autoestima perdida en el divorcio. No me encontraba en un buen momento personal, pero la experiencia me empoderó y me dio una fuerza brutal que se había apagado dentro de mí. Acudí junto con mi señora madre, con lo que fui doblemente superviviente.

Cuando la gente me pregunta si lo que se ve es real o nos dan comida... No nos dan nada, siempre contesto que es más duro de lo que se ve, pero también mucho más bonito. Reconectar con la esencia de uno mismo no tiene precio. Siempre me dicen que les encantaría ir o que no aguantarían, y yo siempre respondo que es un regalo de experiencia y que claro que podrían, todos somos capaces de más de lo que pensamos. Si la vida nos obliga, podemos resistir más de lo que nos creemos.

Todos somos capaces de más de lo que pensamos.

Allí supe lo que significa pasar hambre de verdad. En nuestra vida normal, pasar hambre es comer a las cuatro en vez de hacerlo a las dos. «¡Qué hambre tengo!», decimos. ¡Eso no es hambre! Hambre es no tener comida ni posibilidad de conseguirla —no hay nevera ni ultramarinos, ni gasolinera de veinticuatro horas— y que el estómago te duela y te suene y te genere ansiedad.

Descubrí lo enganchados que estamos al azúcar. Al principio te sientes como una yonqui sin tu dosis..., echaba de menos un refresco, una onza de chocolate o una gominola. Superadas las dos durísimas primeras semanas de desintoxicación, con agresividad, falta de energía, ansiedad y mono, empiezas a tener una energía brutal, te encuentras mucho mejor y estás más tranquila y relajada. Allí me di cuenta de que el azúcar es una droga.

Hacíamos nuestras necesidades en un cubo. Al final del programa, y aunque debíamos echar arena encima por deferencia a los demás, ya sabía quién había ido antes que yo. En mi casa me muero del asco, pero allí lo veía normal y no lo llevé mal.

Un día, después de una discusión monumental con Laura Matamoros, mi madre me suelta: «¿Y si nos vamos?». Y yo cogí mi saco y dije el mítico: «A tomar por culo *Supervivientes*». Aún recuerdo que salí de allí como un miura, saltando obstáculos, recuerdo al director intentando calmarme, a los de sonido, producción y no sé cuántas personas más. Íbamos las dos decididísimas, hasta llegar a la orilla. Yo creo que en un momento se me pasó por la mente que podía ser Moisés y abrir las aguas, pero finalmente decidí desplomarme en la playa y echarme a llorar.

Mi prima Almu, la intrépida de la familia, la que no se conformó, fue mi defensora en *Supervivientes* y vino a verme a Honduras. Nunca lo olvidaré. Durante esos tres meses, ella venía de las islas Canarias —donde trabajaba como piloto— para defenderme cada jueves. Pidió varios días de sus vacaciones para recorrerse medio mundo y abrazarme diez minutos. Fue uno de los regalos más bonitos que me han hecho nunca. Me emociono con tan solo recordarlo. Sin pensarlo dos veces, en una prueba me comí un ojo de vaca para conseguir una llave que abría la jaula en la que ella se encontraba, esperándome para que la abrazase. Ese abrazo me retumbará para siempre en la memoria como uno de los mejores de mi vida. A pesar de ser más pequeña que yo, Almu me ha dado grandes lecciones. Empezó estudiando Arquitectura, pero deseaba ser piloto de aviones. Se vino a Madrid con mucho esfuerzo y se enfocó en cuerpo y alma para lograr lo que soñaba. Se mudó con nosotros; un día entré en su habitación y vi que había creado con papel una cabina de avión. Cada tecla y mando estaba allí físicamente, representados con folios. Me quedé alucinada. Cada día se pasaba horas y horas allí, despegando su avión imaginario, hasta que, por fin, despegó el suyo. Recuerdo que nos daba mucha rabia que, al llegar a reconocimientos médicos, le preguntaban si era azafata. «¿Qué pasa, que las mujeres no pueden ser pilotos?», espetaba ella. Qué ejemplo de mujer.

Cuando volví de la isla, en el debate final, tuve un rifirrafe con el presentador del formato porque llamó a mi madre una palabra que no me gustó. Yo no sabía que era una broma entre ellos y me ofendí. Al llegar a casa, mi madre me explicó que eran sus códigos y que él no lo decía en el sentido que yo lo había entendido. Al cabo de unos días lo llamé arrepentida, porque a mí no me cuesta nada pedir perdón si me equivoco. La semana siguiente tuve una entrevista en un programa nocturno con él y se me ocurrió llevarle una bolsa de ensalada en la que ponía «Brotes verdes tiernos». Se la di como regalo para que se fuera acostumbrando a mis «brotes».

A veces pienso que mi humor ha confundido a los malintencionados y les he dado armas contra mí, en vez de valorar que reírse de uno mismo no quita responsabilidad a las acciones acometidas por los demás hacia ti.

En otra ocasión, un colaborador me acusó de haberlo llamado «hijo de la gran puta» un día que fue a por mí sin ningún tipo de escrúpulos. Cuando me echó en cara que le había dicho eso, no se me ocurrió otra cosa que contestarle: «De la gran, no. ¡De la gran, no!», dejando claro que nunca utilicé ese adjetivo y admitiendo implícitamente que lo había insultado sin pestañear. A la gente que opina que no tengo filtros, tengo que decirles que no llevan razón. Suelto esas cosas con filtro. ¡Imagínate lo que pienso!

Durante *Supervivientes*, adoré dormir al raso, bajo las estrellas y con el rumor del mar de fondo. Nunca olvidaré esas noches. De hecho, la primera noche, ya de vuelta en el hotel, tuve que coger la almohada y tumbarme en el suelo. Me daba grima el colchón blando, acostumbrada al suelo, y ansiedad la habitación, un espacio cerrado y con techo. Y a los pocos días de estar en Madrid cambié mi colchón por uno más duro. Yo que siempre había sufrido de dolor de cuello y migrañas, casi no tuve, y dormía genial en el suelo.

Recuerdo la primera vez que me duché con agua dulce, champú y gel, en el hotel. No me podía creer que al girar la rueda saliera agua de nuevo, y cómo olían mis productos para el pelo. Redescubrí la vida. Asumimos la existencia del interruptor de la luz, la cisterna en el baño y un montón de privilegios que tenemos. Les presté atención, agradecí que estuvieran ahí y les di el valor que nunca antes les había dado. Esta experiencia debería poder vivirla todo el mundo. Es un punto de inflexión, te cambia la vida.

LA VIDA A CÁMARA RÁPIDA

Gran Hermano es el *reality* de convivencia por excelencia, y encerrarse en una casa con más concursantes fue mucho más duro para mi gusto, a nivel psicológico. Yo, además, fui al VIP y andaba con una bomba familiar que acababa de estallar: el padre de mi hijo me pedía la custodia. Si de normal la experiencia es dura, allí se me hizo casi insoportable. Agradezco mucho la oportunidad a la productora, de ella guardo personas muy especiales en mi corazón. Es la productora que apostó por mí en el programa de modelos y le tengo un cariño verdadero.

La convivencia resulta durísima, pero allí también conocí a personas que, a día de hoy, son mis amigas y las quiero muchísimo: Estela Grande y Noemí Salazar. Estas dos mujeres fueron mi premio. Buenas personas, cariñosas, divertidísimas, y tienen un corazón enorme que no se estila en la tele. Es mentira que en los *realities* no se puedan hacer amigos. Un *reality* genera un nivel de complicidad e intimidad en muy poco tiempo, mientras que en la vida real tardas años en conseguirlo. Es una vida a cámara rápida, de emociones, experiencias, sentimientos. Conoces a las personas en situaciones límite que en la vida real quizá nunca vivas con nadie, y tienes mucho tiempo libre para intercambiar sensaciones, emociones y hablar de la vida.

Siempre he sido una ferviente defensora de los *realities* y, como espectadora, los he seguido con fanatismo. Sin embargo, hay cosas que hacen aguas. No somos actores, sino concursantes, aunque seamos famosos. Hay que ser reales, se gane o se pierda. Como concursante, me queda la duda sobre la veracidad de las votaciones desde el día de la final de *Gran Hermano Vip*, ya que en un intermedio, antes de que se cerraran las líneas telefónicas, me anunciaron que no había ganado. Como siempre he sido una obrera de la televisión, me callé y remé a favor, tal como tengo por costumbre, pero reconozco que se me encogió el estómago al pensar en la cantidad de personas que habían pagado para darme su voto. De vuelta a casa, mi madre me contó que una señora muy mayor iba cada semana a recargar diez euros para mis votos porque no tenía más, y me sentí mal por haber formado parte de semejante juego.

EL INFIERNO EN UN PLATÓ

Puedo decir que he conocido lo peor y lo mejor de la televisión, y en parte se debe a que he conocido *Sálvame*. Como una encarnación del ser humano, *Sálvame* era capaz de lo mejor y lo peor. Había momentos terribles, malísimos y sumamente hirientes, pero también había momentos de auténtica maravilla, risas, ingenio, locuras y transgresión. Yo, haciendo lo mío: si no puedes con el enemigo, únete a él. Alguna vez estuve por allí, pero siempre por poco tiempo porque me «la jugaban», me ofendía y no volvía.

Recuerdo dos momentos televisivos en los que me sentí absolutamente vilipendiada y sin poder luchar en igualdad de condiciones. Siempre tiene más que perder el que más tiene, y no me refiero al nivel económico, sino al emocional. Muchas veces juegan con la necesidad de las personas para arañar sin pudor su dignidad.

> ## Siempre tiene más que perder el que más tiene a nivel emocional.

La primera vez, cierto presentador me destrozó emocionalmente siendo yo concursante de *Gran Hermano*. Yo venía de reunirme con la psicosocial, porque me jugaba la custodia de mi hijo; no hace falta tener mucha sensibilidad para imaginarse lo doloroso y tenso de mi día. Había entrado en el *reality* porque necesitaba el dinero, ya os contaré más adelante cuál era mi situación, y desde allí acudí con una redactora a los juzgados. No pude hablar con nadie ni antes ni al salir, y volví a la casa en *shock* por todo lo vivido y sin poder desahogarme en una casa llena de cámaras. Dicho presentador —me esforzaré mucho en mi vida para ser buena e ir al cielo y no encontrarme con él en el infierno— me vilipendió de tal manera que aún hoy la gente lo recuerda y me lo comenta por la calle. La responsabilidad no fue solo suya, sino de toda una cadena en la que presumimos de que trabajan seres humanos con algo de sentimientos y, sobre todo, profesionalidad. Al día siguiente, la audiencia se había disparado como un cohete.

La segunda vez acabé con un ataque de pánico en el hospital por culpa de la misma «persona». Era la final de un *reality* en el que había participado mi madre, *Secret Story*. Las reglas estaban claras: nada de trampas. Todo el mundo pudo ver que se trataron desigualmente a unos concursantes y a otros, ahí nació mi opinión de que las bajadas de audiencias se deben a que los espectadores no son idiotas y se percatan de todo.

Mi madre hizo una apreciación sobre un bolígrafo que había en la casa, algo prohibido por reglamento, porque a nadie se le permitía comunicarse por ningún medio. Dicho bolígrafo estaba en manos de una de las concursantes, a quien nunca se penalizó por su trampa. Tras señalar el fallo, el presentador se puso muy agresivo contra mi madre y se incendió la cosa, hasta tal punto que ella lo llamó «bravucón», aunque acto seguido se retractó. «Bravucón» significa «valiente solo en apariencia», y es que alguien que solo se mete con quien puede y no con quien debe es, sin duda alguna, un bravucón.

Aun así, mi madre pidió disculpas, pero él empezó a insultarla y a llamarla «mentirosa», cuando ella tan solo había señalado la verdad —el bolígrafo—. No conforme él con eso, y debido a que yo nunca me he plegado ante él, se puso a insultarme y a amenazarme también a mí, en antena y sin estar yo ahí delante ni haber hecho nada y, sobre todo, sin poderme defender. Además, él sabía que luego la cadena me acallaría para que no pudiera hablar de él. Pan o voz, ambas no.

Mientras él hablaba de mí sin piedad, yo estaba en casa con mi hijo, en pijama, y empecé a llorar y a quedarme sin aire. Ante la preocupación de que me pasara algo con mi hijo a solas, lo metí en el coche y me fui al hospital. Llegué con un ataque de pánico y rápidamente me asistieron. Esa noche no se me olvidará jamás, porque mi madre, debido a la humillación, a los insultos y a que la echó del programa de esa manera vil y con superioridad, llegó a casa hecha trizas y orinada. Sí, se hizo pis encima a causa del comportamiento que se le dejó ejercer a ese señor terrateniente de cortijos a la deriva y a la persona que «removía conciencias» a través de un pinganillo. Mi madre llegó al hospital en el que me estaban atendiendo, por la llamada de un niño en pijama, mi hijo, que se hizo cargo de mi móvil personal mientras las enfermeras, con todo el amor, intentaban distraerlo. Ese día, mi madre me prometió que todo ese daño no quedaría impune y que demandaría sin descanso hasta que se hiciera justicia. La justicia llegó.

Al día siguiente era Nochebuena, ni la recuerdo. Tengo poco que agradecer. Tras esto, mi madre demandó, yo no porque me jugaba el trabajo. Él se atrevió a decir con la boca grande que había ganado el juicio contra mi madre, pues sabía que la cadena no me dejaba responderle. Pero no fue así, nunca ganó ni judicial ni personalmente. Mientras reviso estas páginas, en julio de 2023, me llena de orgullo y dignidad poder decir que fue mi madre quien finalmente ganó el juicio.

Nada me haría más infeliz en el mundo que tener un hijo con mucho dinero y tan poco corazón. Como madre, me produciría una sensación de vacío tan grande que no podría dormir. No podría dormir en su chalet, ni podría regocijarme en los viajes, ni disfrutar de la ropa regalada con el dinero de una persona que piensa que todo vale por el *share*. Me produce pena. Simplemente pena. Y es que no hay nadie más pobre que aquel que solo tiene dinero.

En algunas cadenas se han permitido cosas que en cualquier otro trabajo habrían sido duramente penadas, con la excusa barata del *business* del entretenimiento, y encima se han emitido públicamente, para escarnio general de quien lo sufre. Elegir entre pan o voz a día de hoy es inadmisible. Todo el mundo tiene derecho a trabajar en un clima digno y de respeto. Todos tenemos que comer, eso es verdad, pero a quién no se le atraganta el pan si mientras traga le pisan el cuello.

No hay nadie más pobre que aquel que solo tiene dinero.

Si hay algo seguro es que cada cierto tiempo la vida te recuerda que sigues latiendo, con un punto de inflexión.

LAS PERSONAS QUE ME LLEVO

De la cadena en la que he trabajado tantos años me llevo grandísimas personas. Contadas, porque hay mucha puñalada por la espalda, pero eso no me va a quitar mi manera de entregarme a las personas como si no fuera a doler.

Rocío Carrasco es la mayor amistad que me llevo de allí. Tras la revolución de su docuserie, hemos quedado los de siempre. Yo la quiero desde que la conocí y me tendió su mano. Ambas hemos tenido épocas duras en las que nos pasábamos mucho tiempo en la cama y nos comunicábamos menos, pero siempre estábamos al otro lado del teléfono. Cuando anunciaron su docuserie llevábamos unos meses sin hablar porque ella estaba un poco aislada con su proyecto secreto. Cuando me enteré de que lo había contado todo, solo pude sonreír de felicidad. Por ella, por supuesto, y por la cantidad de mujeres que, a raíz de ver a Rocío, se sintieron identificadas y dieron el paso de denunciar o abandonar a sus maltratadores. Quién dijo que la tele era puro entretenimiento.

Los que la queremos siempre hemos dicho que debía hablar, pero eso es algo muy personal que debe hacer una cuando se siente preparada. Me sentí inmensamente feliz cuando me sorprendió con algo que pensé que ella nunca haría. Yo siempre estoy a favor de hablar, de contar, de expresar y de no tener miedo ni vergüenza. El que sufre un daño no es quien debe avergonzarse, pero a veces se lo penaliza socialmente por haber hablado. Levantar la voz o quejarte de un daño es, para mi gusto, no solo un derecho sino un deber.

Hay que decir con la boca bien grande lo que nos ha causado daño y no dar ni un paso atrás, para hacer menos árido el camino a las que vienen detrás y no tienen las mismas posibilidades que nosotras. Nuestro altavoz es importante, y debemos reclamar lo que no está bien por los que no tienen la posibilidad de ser escuchados. Durante mucho tiempo se ha intentado que la víctima se avergüence por hablar como si fuera una chivata, se ha considerado que el trato vejatorio debería permanecer enterrado en la intimidad. No, señores, hay que hablar, y bien alto siempre, y sin miedo. La culpable no es la víctima, es el victimario, por más que las mentes caducas se empeñen en intentar convencernos de que hablar y quejarse en público te convierte en un chivato. Las cosas que duelen y no se dicen arañan el alma. Es mejor hablar bien alto y claro y arañar las conciencias.

Las cosas que duelen y no se dicen arañan el alma.

Sandra Barneda, siempre buena compañera, seria, equitativa y legal. Reconozco que teníamos más trato al terminar el programa, pero yo la admiro y le tengo mucho cariño. Es una grandísima profesional, capaz de «echarse» a las espaldas un programa y sacarlo adelante con la estoicidad que la caracteriza. Y ya que estoy hablando de personas que he tenido la maravillosa suerte de conocer, debo mencionar a Nagore. En el pódcast que hicimos, *Nos hemos liado*, pude conocerla más. Qué mujer más brillante. Fuerte y sensible, rápida y resolutiva, con mucho ingenio, muy vivida. Grandísima compañera, que tiene muy claros sus valores y que no se doblega ante nadie. Somos tan diferentes y tan iguales que me encanta.

A Sonsoles Ónega me la trajo *Ya es mediodía*, un programa que adoré. Me sentí parte de él muchos años y di mucho de mí. Aunque mi salida fue inmerecida, quiero tratar de ser lo más justa y objetiva posible. Con los compañeros viví momentos preciosos que no olvidaré jamás. Sonsoles es la mujer más elegante que conozco. No solo en la forma de vestir —que también—, sino que ella es elegante en el trato, pulcra y escrupulosa en el modo de relacionarse con los demás. Siempre educada y humilde, sensata y buena consejera, siempre se relaciona como una compañera más. Siempre agradeceré haberla conocido.

A Miguel Ángel Nicolás, aunque ahora esté dolida por lo mal que se portaron al echarme de *Ya es mediodía*, le tengo un inmenso cariño. Tengo presente que me ha protegido y cuidado. Con todo, el mejor regalo del programa es, sin duda, Iván García, que es uno de mis mejores amigos y un profesional brillante al que no reconocen en la medida que merece.

SI VOY ES PARA DISFRUTAR

Con todo lo malo, que no tiene desperdicio, me siento una afortunada porque la tele me ha permitido vivir cosas, tanto buenas como malas, que la gente no suele conocer, y que, en parte, me han convertido en la persona que soy. Y es que he experimentado de muy joven lo que las personas tardan toda una vida en vivir. Tengo mucha experiencia y ahora juego con ventaja, porque me queda toda la vida para disfrutar de lo aprendido.

He vivido momentos maravillosos en la televisión que me han

divertido mucho y creo que han entretenido al público también. Eso me hace sentir inmensamente orgullosa de mi trabajo, porque, sí, es un trabajo y hay que hacerlo bien. Hacer compañía, divertir, hacer reír y dar esperanza son las cosas que me encanta transmitir a través de la pantalla. Aunque me salga de un modo natural —porque, para bien o para mal, si algo soy es auténtica y nunca podría fingir algo que no siento de verdad, y no me esfuerzo ni fuerzo las situaciones—, es verdad que le pongo todo el cariño y dedicación.

Para mí, estar en un plató es estar en una fiesta, y si voy es para disfrutar. En el plató soy plenamente consciente de mí misma y de los demás, del guion y de la improvisación, de los tiempos y de la temperatura, y, como digo siempre y no me cansaré de repetir nunca, siempre remo a favor. Siempre remo a favor de la escena, de la audiencia, de la televisión, pero sin saltarme mis límites morales por mucho que me inste a hacerlo ningún director. No soy un muñeco, ni un pelele, y mis palabras no están en venta.

Hay frases que solté despreocupadamente y que años más tarde la gente me las sigue recordando entre risas por la calle. Algunas son surrealistas y desternillantes, pero cuando salieron de mí me salvaron de situaciones difíciles. Voy a hacer una rememoración de grandes *hits*, y si crees que me dejo alguno, por favor, escríbeme por Instagram e intentaré incluirlos en la próxima edición:

«Nadie estaba bajo mi cama para saber qué pasaba, igual encima sí». Siempre he alucinado con las personas que ponen en entredicho tu propia vida. ¡Que hablen los que sí estaban y no me quejaré!

«El que nace cerdo muere lechón». Se lo dediqué a mi exmarido, andando yo fatal por esa época. Lo comparé con el Benjamin

Button de los cerdos, porque se puede ser malo pero verse cada vez más joven, oye.

«Mi delito ha sido no aguantar todo por llevar un bolso bueno colgado en el antebrazo», y lo sigo pensando.

«No puedo tomar vino porque tengo un problema en las piernas. Se me abren». Esta frase del pódcast con Nagore se hizo muy viral e hizo reír a muchas personas, y yo que me alegro.

«En peores plazas he toreado, aunque yo no soy sor María y vengo del convento al *photocall*». Esto lo dije cuando empezaba con mi exmarido. Poco sabía lo que me esperaba.

«No me gusta ser mediocre. Yo no puedo no destacar en nada». Eso también lo dije en *Supermodelo* en 2007. Si me preguntaras ahora, te diría que la mediocridad está infravalorada, te salva de muchos problemas.

«Yo soy así de extremista en mi vida. Nunca calcetín blanco». Grandes reflexiones estilísticas, que no falten.

Yo, resignada: «Hay veces que no queda más remedio que ser el centro de atención» o «Estoy estable dentro de la gravedad que es ser Alba Carrillo». Pero cómo se me ocurren esas cosas. Y no olvidemos el «No me arranques que soy un Miura» o «Va a arder Troya con todos los troyanos».

Y las que me quedan y las que te rondaré morena, porque pienso seguir dando guerra.

UN
ACEITE ESENCIAL

Limón, que aporta orden, equilibrio y
bienestar. Ligero.

8.
LEVANTARSE Y VOLVER A *empezar*

«Mi corazón no miente,
bendita la gente que hace de
nuestro otoño primavera».

Joaquín Sabina

Dicen que en tiempos difíciles verás a tus verdaderos amigos. Lo corroboro, mi tesoro son ellos. Tengo una red que siempre me ha protegido y que me sostiene para que no caiga. Buenos amigos, amigos de verdad. Ellos saben que también cuentan conmigo y que yo me echaría a su lado a pasar juntos las etapas oscuras del alma. Todos han estado al quite. Desde los anónimos, que son gente con los pies en la tierra y que yo adoro porque sus vidas no van tan ligadas a las apariencias y a la galería, hasta los más famosos. Rocío y Fidel jamás me han fallado. Como ya he dicho, siempre me han apoyado en los malos momentos, llamándome prácticamente a diario y poniéndole humor a la cosa. Y la gente aún se preguntará por qué los quiero.

MI ASIDERO

Cuando me echaron como a un despojo, mis amigos de siempre se organizaron entre ellos para no dejarme sola. Goyo incluso se presentó a verme con un ramo de flores. Josete y Ricky no dejaban de llamarme para que estuviera tranquila ante el futuro, María me mandaba notas de voz sin parar para que no me sintiera sola. Nacho y Elsa me ofrecieron su casa, como hicieron Rocío y Fidel y Beni y Rebeca. Mis amigos Priscila y Manuel se alegraron de no tener que verme en ciertas situaciones de estrés, ellos me han abrazado tanto en días grises que solo puedo quererlos. Muchos otros amigos, conocidos, compañeros del medio y también mucha gente anónima me llenaron de fuerza con sus mensajes.

Mi familia me cuida y quiere, y el padre de mi hijo me abrazó y me dijo: «Estoy orgulloso, ¿qué puedo hacer por ti?». También la familia de mi hijo estuvo al quite. Lucas me besaba, me decía que me quería y que buscase trabajo como colaboradora deportiva para presentarle a sus ídolos; a lo que yo respondía al momento: «Uy, hijo, más deportes va a ser que no». Mi madre me daba la manita en la cama y mi padre me sonreía: «¡Vamos, Albita!».

¿Es posible no salir adelante, con esta red? La respuesta es «No».

Además, tengo un pundonor a prueba de balas. Será por el ballet, que me disciplinó; por la guitarra, me temo que no. Soy muy llorona y el primer impacto de las cosas resulta mortal, pero luego comienzo a hacerme fuerte y me reconstruyo, porque todos tenemos fuerza suficiente en el interior para volver a levantarnos. No digo que sea fácil, pero, poco a poco, encuentras de nuevo el equilibrio.

Todos tenemos fuerza suficiente en el interior para volver a levantarnos.

La mayor parte de mis amigos trabajan en el mundo de la comunicación y todos se quedaron atónitos ante la noticia del despido. Me decían: «Es lo mejor que te ha podido pasar, muchas marcas se niegan a trabajar con personajes de esa cadena». «Mis clientes descartan para sus acciones a personas que trabajen en esa cadena, ya antes de empezar a hablar», dijo otro. «Recuerda que te pude invitar al estreno de la marca en la que trabajo porque eres una de mis mejores amigas, pero no quieren a nadie de ahí», me dijo otra.

«Posiblemente sea el momento de ver esto como una oportunidad», pensé.

Yo lo noto en la zona del pecho, como una fuerza, una luz. A veces la llama interior se hace más pequeña por la falta de oxígeno y me siento ahogada por una situación, pero siempre hay que guardar un poco de brasas para hacer crecer el fuego de nuevo.

Cada día un poquito, hay que creer en uno mismo y confiar en lo que está por venir. Avivar tu fuerza interior con aquellos que te reconocen, que saben quién eres. Si pierdes el norte, rodéate de quienes conocen tu esencia, para que te hagan recordar. Esas personas son asideros en mitad del océano. No dejes que otros te definan y que la situación te pueda. Cuando te olvides de quién eres, reúnete con los que conocen tu esencia para que te ayuden a recordar, y no olvides ser su red y asidero cuando lo necesiten. El amor es un camino de ida y vuelta.

Quizá suene tópico, pero el amor verdadero es generoso, en mi caso siempre va de la mano del humor. Un humor que a veces me mete en líos con las personas que no tienen demasiado, pero me une como ninguna otra cosa a quienes lo entienden de verdad. Todos necesitamos un hombro en el que subir las piernas; ay, no, en qué estaría yo pensando, un hombro en el que poder llorar. Y si puedes subir las piernas, mejor, ¡qué narices!

Todos tenemos días horribles en los que queremos tirar la toalla, a mí también me pasa, lloro sin parar y deambulo por casa en pijama, moño y sin ganas, ni de comer. Seguro que recuerdas muchos otros días peores que este en tu vida o igual de malos. Estás entrenado. Así que revuelve tus vísceras emocionales, saca impulso desde el estómago y lucha la vida por ti. Puedes hacerlo. Confía en mí o, mejor dicho, confía en ti.

FOTOGRAFÍAS MENTALES

El poeta Joan Margarit decía que al dolor hay que llegar leído. Que a las pruebas duras de la vida, a los puntos de inflexión —que suelen caracterizarse por pillarte desprevenido porque no vienen anunciados en ningún guion ni están escritos en el índice de ningún libro, como me pasó a mí al volver de unas vacaciones perfectas de Semana Santa— hay que llegar preparado. Preparado y cargado con la mochila de experiencias y herramientas que sabes que te consolarán y ayudarán a pasar mejor el duelo.

Esa preparación pueden ser los libros, como me han salvado a mí en todas las rupturas, la música, el arte, tus amigos… lo que tú quieras, lo que te guste.

Pero no es posible llegar a una experiencia que sacude tu vida de arriba abajo y decir: «Ah, vale, pues me leo la novela de ese autor, que seguro que tendrá las palabras que me consolarán y salvarán en este momento de absoluta desazón». No puedes. Improvisarás y te sentirás totalmente desubicado, por supuesto, pero debes tener una mínima idea de adónde vas a acudir cuando te ocurra algo malo. A qué estantería, a qué teléfono, a qué disco volverás en busca de alivio. Y esa mochila de recursos se llena día a día, con tus lecturas, tus personas, tus referentes.

Llena la vida de una red de personas, experiencias, lugares y fotografías mentales que te sirvan de palanca en momentos malos. Hay que hacer fotografías mentales de las vacaciones, de momentos bonitos, de momentos felices y guardarlas en un álbum del cerebro para recordarlas en días de hastío en el invierno, en días tristes, en épocas duras.

Cuando estoy con amigos o familia y somos felices, les insto a hacer una foto mental del momento: «Foto mental, venga chicos. Para recordarla en momentos difíciles». También me ayuda mucho ver fotos físicas, me recuerdan el camino recorrido y las grandes alegrías que me he llevado.

¿QUÉ HACE UNA CHICA COMO TÚ EN UNA CÁRCEL COMO ESTA?

Contra todo pronóstico, en ese momento de *shock*, ante las turbulencias del despido, quienes me vinieron a la mente fueron mis compañeros, algunos convertidos en casi amigos, de la prisión. Llevo un club de lectura para presos al que acudo los martes, como parte del grado de Criminología que estoy a punto de terminar. La pregunta más frecuente entre los internos es: «Señorita Alba, ¿usted cree en la reinserción?». Yo les respondo que claro que creo, de lo contrario no estaría aquí, sino merendando en casa con mi hijo. Hago una hora de viaje de ida y otra de vuelta a la cárcel todas las semanas, porque creo que puedo aportar cosas y afirmo con rotundidad que ellos me aportan mucho a mí.

Luchan por reinventarse y reinsertarse en la sociedad. Muchos buscan constantemente mi aprobación, con la mirada y con preguntas, desean pertenecer a una sociedad de manera sana y anhelan que alguien los vea y los rescate confiando en ellos. A pesar de encontrarme en una situación muy distinta a la suya, y sin haber cometido ningún crimen ni tenerme que retractar de nada —más bien al revés—, ahora debo levantar cabeza y reinventarme también, y me doy cuenta de lo mucho que he aprendido de ellos.

Es paradójico que haya sacado tantas enseñanzas de quienes presumimos como menos ejemplares de nuestra sociedad. Detesto los prejuicios. Yo siempre he sido objeto de ellos y me he empeñado, más si cabe, en dinamitarlos cuanto más fuertes eran. Los centros penitenciarios son carne de prejuicio, de etiquetas. Las etiquetas estigmatizan y nos impiden ser libres, porque o tienes que demostrar que se equivocan y eso es injusto y agotador o te abandonas al papel que te han asignado en el teatro de la vida. Ninguna de ambas cosas es sana y, sobre todo, no son justas.

Si puedes, tanto para ti como para los demás, deshazte de las etiquetas. Nada resulta más terrible que someterse o someter a otros —especialmente a los niños— a un corsé que nos constriñe y nos impide respirar. Puede que mi manera de pensar sea muy idealista y romántica, pero creo en que las personas podemos cambiar a mejor, tengo fe en el ser humano.

Tanto para ti como para los demás, deshazte de las etiquetas.

Cuando empecé con el club de lectura en la cárcel, en primer lugar les pregunté qué nivel académico y formativo tenían, para poder adaptar las lecturas a los alumnos. Algunas personas me relataron infancias tan complicadas que habría sido un milagro no terminar en la cárcel. Si te crías en áreas depauperadas, con un padre borracho que te pega y una madre adicta a la heroína y prostituta, levantarse para ir al colegio por uno mismo y no acabar delinquiendo es prácticamente una heroicidad.

Siempre que salgo de allí comparto con Lucas la suerte que tenemos. No vamos a engañarnos, el lugar donde naces condiciona mucho tu vida. No significa que esté todo escrito, puedes erigirte como una flor de loto en medio del lodo, pero nacer en según qué familias y lugares te complica o te facilita mucho las cosas.

También pienso, no te creas, que nadie queda exento de acabar encerrado allí por uno u otro motivo. La cárcel no es algo tan lejano y la vida puede llevarte por caminos y vicisitudes que no te esperas. Las líneas que traza la vida son muy finas.

Muchos reclusos son auténticos artistas, hacen manualidades, pintan y tienen dones absolutamente fuera de lo normal. El problema viene cuando tienes una gran capacidad pero, por diversas razones, en vez de enfocarla en cosas positivas, la enfocas al mal. El sistema social, tal como está concebido, tiene goteras más que evidentes: cuando alguien que podría haberse desarrollado como un valor seguro para la sociedad se convierte en un victimario de ella significa que algo hemos hecho mal, todos. Me gusta sentarme a cenar con ellos y que me cuenten sus historias. La mayoría maldice la droga que les ha hecho perder tantas cosas, otros anhelan estar junto a sus hijos y me cuentan anécdotas, con los ojos brillantes llenos de lágrimas; algún otro cuenta artimañas graciosas. Les pregunto con educación y respeto sobre sus vivencias y los insto a que el día que crucen esa puerta sea para no volver nunca más.

Las conquistas que derivan de luchar por nosotros mismos requieren mucho esfuerzo y determinación. Nada llega por arte de magia.

OTRA VEZ SUPERVIVIENTE

También los chicos del club de lectura me preguntan sobre mi vida. Como habían seguido el concurso de *Supervivientes*, al principio querían saber cómo sobreviví a momentos en los que lo tenía todo en contra o todo el mundo se metía conmigo. Me sorprendió que ellos me vieran como un personaje inspirador frente a la adversidad. Les conté mi experiencia, haciendo algunas analogías sencillas con su propia situación. También les quise transmitir que yo sentí, durante aquella experiencia, el anhelo de mis seres queridos, la idealización del mundo exterior, la privación de hacer lo que deseas, el miedo a volver a la realidad, las nuevas manías y los hábitos adquiridos. Y es que todos somos supervivientes en algún momento de nuestra vida y si deseas aprender de lo ocurrido, siempre podrás dar gracias por algo al terminar.

Les contaba lo que sentí la primera vez que me duché con agua corriente, después de tres meses; cómo disfrutaba del olor de mi champú, de la espuma en las manos, del color tornasolado de las pompas. Esa ducha que había tomado mil veces antes en la vida, y que repetiría miles de veces más en adelante, se tornaba absolutamente mágica. Y es que vivir algo cotidiano como mágico es un regalo que no se debe perder de vista.

Les conté también que ahora echaba de menos dormir al raso con el rumor de las olas y las estrellas por sombrero, y que los primeros días en casa me costaba dormir en la cama y me tumbaba en el suelo con la almohada. Y resulta que los cambios cuestan siempre, a la ida y a la vuelta, es algo que también ocurre en la cárcel: les cuesta adecuarse a ella, pero luego les cuesta salir de allí. De hecho, algunos no quieren irse y vuelven a delinquir, tienen miedo a la vida, no saben adaptarse a la libertad.

Los cambios cuestan siempre, a la ida y a la vuelta.

Aunque parezca que los seres humanos estamos en las antípodas unos de otros, siempre nos encontramos más cerca de lo que creemos. Todos anhelamos el amor, sentirnos queridos, comprendidos, sentir que pertenecemos a alguien, a algo… Enriquece mucho relacionarse con personas que presumimos muy distintas a nosotros y darnos cuenta de que, en esencia, no estamos tan lejos.

DECIR Y DECIRNOS COSAS BONITAS

Un día dediqué la clase a que se dijeran cosas bonitas los unos a los otros y a que mencionaran cualidades positivas sobre sí mismos. Les costaba horrores encontrar algo bueno de sí mismos, todos acababan señalando cosas negativas. ¿Cómo puede andar por el mundo un ser humano sin ver algo positivo en sí mismo? Debería ser obligatorio desde la más tierna infancia que todos conociéramos tanto nuestros puntos débiles como nuestros rasgos positivos.

Les costaba mirarse a los ojos y decirse palabras bonitas, igual que les costaba escucharlas de otro ser humano hacia sí. Me sentí profundamente triste, un comportamiento tan deshumanizado como sociedad implica un fracaso absoluto. Deberíamos ser capaces de mirarnos al espejo y decirnos cosas bonitas y de mirar a otro ser humano y decir lo bueno que hay en él. Les daba vergüenza dedicar palabras bellas a alguien de su mismo género, de modo que acababan riéndose como niños vulnerables o cerrándose a la actividad, sin posibilitar que afloraran intercambios de cariño con quienes conviven, con personas que se encuentran en su misma situación, que comparten sus mismos miedos. Y me di cuenta de que eso no solo sucede en la cárcel; vivimos, interactuamos, cohabitamos, pero no nos paramos a sentir, escuchar y acariciar con palabras a los demás. Por mi parte, decidí que nunca más pasaría un día sin decir «Te quiero» a quienes quiero, de alabar la belleza y los logros de mis amigos y familiares, de decirle a mi hijo lo importante que es para mí y lo feliz que estoy de ser su madre. Y, a mí, me digo cada día lo mucho que valgo.

Porque solo yo sé cuánto me han costado algunas cosas, los sacrificios que he hecho, cuánto he añorado ciertos momentos, lo difícil que ha sido sortear ciertos obstáculos. Por eso, a pesar de lo que se vea desde fuera, sé lo difícil que resulta caminar a veces, y por eso me felicito cada día. La vida nos pone a prueba constantemente y solo cada uno de nosotros sabe las pruebas que ha pasado para llegar donde está.

Las personas más interesantes son las que tienen cosas que contar, las que han luchado, las que han caído y las que han peleado por no dejar que lo malo les gane la batalla. Si estás sufriendo, lo siento mucho, pero es increíblemente transformador. Sin duda, las etapas más desapacibles e insoportables de mi vida —a pesar de que me cueste horrores admitirlo— son las que más me han hecho crecer. Aprender lo que quiero, lo que no, de quién puedo fiarme, qué cabe esperar. Y lo que me esperanza más es que toda nuestra experiencia quedará grabada en nuestro ADN emocional para las futuras generaciones, si sabemos aprender de ello. Somos como los animales; de hecho, lo somos, aprendemos a base de prueba y error, pero hay enseñanzas adaptativas que pasan a instaurarse en lo más profundo de las criaturas y no es necesario aprenderlas.

Piensa que te estás transformando, no solo para ti sino para todo lo que te rodea y lo que vendrá. Cuando entras en un proceso de crecimiento personal, ya sea obligado o elegido, no sabes lo que llegarás a ser, hay en ti un potencial inexplorado que ni sabes que lo tienes. No te resistas y deja que tu oruga interna se convierta en una mariposa que al batir las alas todo lo impregne de fuerza. Y es que hay que transformarse para ser lo que vendrá. Quiero ser lo que vendrá.

TERCERA PARTE

Vivir para amar

———

UN
ACEITE ESENCIAL

Mandarina, que es el que usaba en la bañera de Lucas de bebé, porque reconforta. Es el abrazo de tus padres.

9.

EL *amor* DESPUÉS DEL *amor*

«Cuando un recién nacido
aprieta con su pequeño puño
por primera vez el dedo de sus
padres, los tiene atrapados
para siempre».

Gabriel García Márquez

Hay amores que trascienden sentimientos y te hacen estar infinitamente agradecida por ellos. No solo hablo de amores románticos, también de amigos y de familiares. En algunas relaciones, cuando sopesas lo que has aprendido, lo vivido, aquello que has sentido y todo lo construido, piensas que mereció la pena. Por desgracia, no siempre aflora esta sensación, pero cuando surge, es la de paz.

A pesar de los baches que hemos cruzado, el padre de mi hijo ha sido el hombre que más me ha dado de entre todos los que he conocido. Con él materialicé el concepto de familia, algo que aún mantenemos. Al recordar nuestro noviazgo, rememoro un tiempo lleno de primeras veces tan ilusionantes que solo puedo agradecer: desde el plano más práctico y funcional —como enseñarme a conducir coches automáticos, que no es algo baladí, pues hay quien nunca te enseña nada— hasta el de consolidar el concepto de familia; vivir con un hombre por primera vez, tener a mi hijo y adoptar a sus amigos y familiares, que pasaron a ser míos. Yo no era un complemento sino la mitad de la pareja, tampoco era quien se encargaba de todo y llevaba las riendas, sino la mitad de la pareja; y eso no lo he encontrado de nuevo, nunca. Muchas veces he pensado que ha sido el mejor hombre que —hasta la fecha— ha pasado por mi vida, y no hablo así porque tenga un hijo con él, sino porque lo valoro como hombre, como amor. Si no hubiera sido tan joven y hubiera visto cómo estaba el panorama, y de haberse encontrado él en una etapa profesional menos complicada, creo que habría sido el hombre perfecto.

Lo más importante cuando has estado con alguien y habéis vivido malos momentos es poder decir, al final del día, que es buena persona. Hemos compartido épocas dolorosas en las que nos enfadábamos y yo no estaba de acuerdo con él, pero nunca, jamás, he dudado de que fuera buena persona; esta es una de las cosas que en el fondo del corazón me ha permitido mantener la calma en los momentos complicados. Cuando además es el padre de tu hijo, piensas: «No sé si le dejaremos casas, ni joyas ni dinero, pero elegí para él a un padre bueno». No me equivoqué, y eso da mucha felicidad. Tiene que ser horrible saber que el padre o la madre de tus hijos es una mala persona. Sin duda, a mi hijo no le han tocado unos padres perfectos, pero hablo de tener corazón y un fondo bueno, y esta será, para mi gusto, la mejor herencia.

No sé si le dejaremos casas, ni joyas ni dinero, pero elegí para él a un padre bueno.

Nunca se olvida al hombre que te hace sentir mujer por primera vez. Por eso, incluso sin tener a Lucas, yo nunca lo habría olvidado. Nunca ha dejado de responder al teléfono, aun estando enfadados; jamás se ha mantenido impasible ante mi dolor, siempre he podido contar con él a nivel humano. Más allá del vínculo evidente que nos convierte en familia, sentimos un cariño profundo que nos convierte en cómplices de vida. Y no guarda relación con el amor romántico, no.

Desde que nos separamos, nunca hemos vuelto a estar juntos, ni romántica ni sexualmente, pero yo confío en él y él sabe que puede confiar en mí. Y es que, incluso en las peores crisis como padres, he podido conectar con él de manera profunda, obviando lo superfluo, lo irrelevante, lo anecdótico; siempre que he rascado, lo he encontrado ahí.

Es sumamente tranquilizador reconocer a las personas. Muchas veces, cuando terminas una relación o hay conflictos, piensas: «¿Quién es esta persona en realidad?, no la reconozco». Poder reconocer siempre a alguien es un regalo de la vida.

He llorado por él, no voy a mentir, pero me ha dado tanto que la balanza con él siempre se decantará hacia el lado positivo. Me resulta imposible no quererlo por su modo de ser; si además le sumas que devino el padre de la persona que más quiero en este mundo, el resultado es claro. Lo veo a él a través de los ojos de mi hijo y lo tengo que querer, no me queda otra opción. Mi hijo es mi filtro a la hora de ver muchas cosas en la vida.

TODO DOLOR TERMINA EN AMOR

En agosto de 2010, Fonsi se cayó de la moto y casi se muere. Habíamos empezado la relación en febrero, pero nuestro amor estaba más que afianzado. Su periplo hospitalario americano implicó, sin lugar a dudas, uno de los momentos más duros de mi vida; esa semana sufrí muchísimo con las noticias que su primo Pablo me transmitía desde Estados Unidos. Me puse a buscar vuelos como loca porque quería estar con él, pero me convencieron de que esperara, pues intentarían traerlo cuanto antes.

Me recuerdo llorando por la calle a altas horas de la noche, dando paseos con mi madre y balbuceando: «Para uno que me gusta en serio, mamá. No me digas que me voy a quedar sin él». Ahí me di cuenta de hasta qué punto me había enamorado de Fonsi y de lo duro que es ser novia de un piloto. En los sucesivos días no pararon de llegar malas noticias: «Le han tenido que operar sin anestesia, mientras mordía una toalla, para el dolor». «Ha sufrido una parada y casi se muere, al quitarle el tubo le han producido un problema en los pulmones…». Unos días terribles, con enorme desasosiego y llorando sin parar.

Mi abuela Eloísa se pasaba el día entero poniendo velitas y rezando el rosario. Yo me encomendaba en silencio a todos los dioses de todas las religiones, porque, en esos momentos, pides a quien te oiga por si se obra el milagro. A mis padres, debido a la ansiedad que sentía, los hice andar para relajarme, más que para hacer el Camino de Santiago. Estuvimos a punto de recibir la Compostela que otorgan a los peregrinos, porque hicimos, seguro, más de cien kilómetros. Ahora en serio, como consejo, andar despeja la mente. Para tomar decisiones importantes, resolver un problema o aclarar las ideas, caminar me relaja.

Finalmente lo trajeron de vuelta a España y lo recibimos en el aeropuerto con una ambulancia para llevarlo directamente a la sala de operaciones. Recuerdo los nervios, las ganas de verlo y los días que hice de amantísima enfermera a su lado. En ese momento no lo sabía, pero todo lo malo trae algo bueno, y ese calvario de Simón el Cirineo derivó en una conversación preciosa de la que acabó naciendo Lucas. El amor, el miedo a la muerte y la necesidad del ser humano de trascender quisieron que empezáramos a buscar un bebé, con toda la ilusión del mundo.

LA VIDA SE ABRE CAMINO

Me quedé embarazada muy pronto, como al mes de buscarlo, apenas contaba veinticuatro años. La noticia nos hizo inmensamente felices, también a nuestras familias. Recuerdo que ese fin de año lo pasamos llenos de ilusión en Ibiza, en la casa del tío Ángel. Todos salieron de fiesta, pero yo decidí quedarme en casa descansando porque estaba un poco revuelta. Al día siguiente volvimos a Madrid y empecé a manchar. Cuánto miedo sentí.

Al principio era muy poco, me tumbé a descansar y pedí en silencio que cesara la hemorragia, pero iba a más. Mi mente intentaba mantenerse positiva, mi corazón sentía miedo y mi cuerpo reflejaba una verdad inexorable: estaba perdiendo al bebé. No me quería mover de la cama, pensaba que si permanecía tumbada se quedaría conmigo. Finalmente terminamos en el hospital y llegó el desenlace que no deseaba. Volví a casa devastada. Las ilusiones pueden brotar en tan poco tiempo y el dolor que sientes al descubrir que todo lo imaginado se ha esfumado es tan grande... Nombres, ideas, futuros planes...

Tras el disgusto inicial, coincidimos en que lo más importante era que nos queríamos y que nuestra idea inicial seguía en marcha. De nuevo, la vida se abría paso dándome una gran lección, y al mes siguiente, a la vuelta de un viaje de trabajo en Ciudad del Cabo al que Fonsi me acompañó, empecé con las náuseas. Lucas estaba ya aquí para quedarse, a pesar del miedo que sentí en los primeros meses de embarazo. Todo me recordaba la anterior experiencia al tiempo que Lucas y yo empezábamos a forjar esa unión tan bonita en la que mi hijo —estoy segura— me calmaba desde dentro y me prometía que él sí se iba a quedar.

Lucas es un niño de palabra, y nueve meses después, el 17 de octubre de 2011, llegó a nuestras vidas para hacerlo todo más feliz. Siempre pienso que tenía que ser él y no otro, que todo sucede por algo. Lucas nació de manera natural. Para mí era importante que eligiera su día de nacimiento. No considero adecuada la programación de partos para marcharse de vacaciones o por motivos que no sean meramente médicos, y mucho menos a raíz de preocupaciones estéticas de la madre. Para mí era importantísimo que él decidiese cuándo debía nacer. Me habían dicho que el lunes 17 de octubre habría que provocarlo si no me ponía de parto, pues cabía la posibilidad de que la placenta envejeciera. Me puse de parto el domingo 16, y el 17 nació de forma natural. Estaba claro que ese era su día. Nada más nacer, en perfecto estado, pregunté la hora exacta. Las 17:20. Él tiene su carta astral y yo también, desde siempre. La luna, las estrellas y la naturaleza condicionan las mareas, los partos y nuestro comportamiento. Tienen una gran influencia en todos nosotros.

EL PRIMER AMOR, LA FAMILIA

La separación con Feli ocasionó grandes turbulencias en mi vida. No soy de imaginar teorías de la conspiración, pero sé que alguien meció una cuna desgastada de llorar. En esa época no tenía ingresos, pues por un tiempo me había dedicado a amar, a decorar el hogar y a criar a mi hijo, y aquí hago un inciso clave: nunca jamás en la vida volveré a depender de nadie. Siendo realistas, la libertad empieza por una economía autónoma, holgada o limitada, pero autónoma, que te permita tomar las decisiones que desees. Siempre he amado la libertad en todas sus formas, pero en ese punto fui muy ingenua. Por falta de dinero, hice cosas que, vistas con el paso del tiempo, no repetiría; sin embargo, qué fácil resulta juzgarse cuando ya ha pasado todo y te encuentras en otro momento de la vida.

La libertad empieza por una economía autónoma, holgada o limitada, pero autónoma.

Por necesidad, me sobreexpuse y me sobreexpusieron los medios de comunicación. Una persona que necesita, que cruza un momento difícil, que se siente vulnerable y que, además, es muy reactiva se convierte en un mirlo blanco para la televisión. Yo lo veía como dinero fácil, luego aprendí que era dinero rápido, pues de fácil no tenía nada. Nadie da duros a cuatro pesetas, pero confluyó una época televisiva absolutamente deshumanizada y carente de valores con mi situación personal y emocional, tocada y hundida, una absoluta bomba que proporciona audiencia.

Aun con semejante panorama, ante todo he sido madre, siempre. Mi hijo es mi prioridad absoluta, aun cuando cometía garrafales errores de cálculo al tomar decisiones. Siempre actué considerando qué era lo mejor para él; sin embargo, ahora que él se va sumergiendo en la adolescencia y yo en otro momento vital, no permito ciertas cosas que hace unos años dejaba pasar. Consentí cosas que a día de hoy no toleraría.

Quiero que conste que cuento esta historia porque es bonita, porque me enorgullece y porque creo que puede inspirar a alguien que esté viviendo una situación similar. Pido por favor que no se lea el libro desde el morbo o el mero cotilleo. No entraré en detalles que no interesan a nadie, más que a los implicados, sobre la justicia o sobre datos personales. Es una historia bonita, de amor, de amor de dos padres a un hijo, y sobre las distancias que por un hijo se pueden recorrer hasta lograr acercarse y reconocerse, de nuevo y mejor, como familia. A veces, donde más ha dolido es donde más florece.

Una mañana que yo iba a devolver un vestido a una conocida revista de moda que había celebrado una fiesta en la víspera, me llamó mi abogada de entonces para comunicarme que acababa de recibir una demanda pidiendo la custodia de mi hijo. Por la noche me había encontrado a su padre y su mujer en la fiesta, y no me había comentado nada al respecto. No me podía creer lo que ahora sucedía. Él era mi familia y el día anterior nos habíamos reído juntos. Me sentí herida, ultrajada, y no daba crédito. Mi hijo, no, y así, no. Por las bravas, por la fuerza, no. Siempre lo habíamos hablado todo. ¿Por qué no me dijo que mi sobreexposición mediática lo había saturado?

Fui directamente al negocio que tenía con su mujer; quería pedirle explicaciones, pero solo la encontré a ella. A pesar de que ella había estado conmigo en esa fiesta y yo sabía a la perfección que no era responsable de las decisiones que su pareja tomaba sobre su expareja, le pedí respuestas. Después de la exaltación, me senté a llorar desconsoladamente en un sofá con la intención de esperarlo hasta que llegase. Sin embargo, mi madre se presentó primero y me llevó a casa, donde seguí llorando, esta vez en la intimidad. La noticia terminó en los programas de televisión y todo se volvió más difícil todavía. Empezaba una batalla judicial, con alguien a quien yo consideraba mi familia, por la persona que más amábamos y que nunca nos pertenecerá, a ninguno de los dos; porque los hijos, aunque a veces lo pensemos, no son de nuestra propiedad.

El proceso fue duro, durísimo. Nunca he entrado en detalles con el padre de Lucas sobre cómo lo vivió él, pues ninguno de los dos nos atrevemos. Es como una etapa a la que no queremos regresar con el pensamiento, ni mentarla. Ambos teníamos nuestros motivos y ambos estábamos equivocados. Debo decir que a lo largo del proceso jamás dejé de sentirlo como parte de mi familia y que me dolía encontrarme en el bando opuesto al suyo. Pero nos demostramos que dentro de las familias —exceptuando, naturalmente, aquellas en las que haya cualquier pizca de maltrato—, todo se puede solucionar con la intención y las ganas de las partes.

Nunca me ha dolido más el alma que cuando me vi frente a él en el juzgado. La persona con quien un día decidí formar una familia. Aún nos recuerdo llorando a los dos mientras personas ajenas a nosotros hablaban sobre nuestro hijo. Nunca lo odié. Pensé que, a pesar de que la forma fuera errónea, él estaba luchando por lo que consideraba mejor para nuestro hijo. Yo también hice lo propio y el desgaste fue brutal. Económico, emocional y de disimulo ante nuestro hijo para que la situación no lo afectase. Creo que fue el momento más duro de mi vida, porque de ninguna manera habría querido encontrarme en esa situación con él.

Cuántas cosas nos habríamos ahorrado de habernos hablado desde el corazón y el entendimiento. En los momentos duros valoras las cosas que tienes, dejas de pensar que te pertenecen sin cuestionamiento alguno. Creemos que la vida, los hijos, incluso la felicidad nos pertenecen sin ningún género de duda, y las enfermedades, los litigios y los malos momentos nos recuerdan que somos efímeros y que nada podemos dar por sentado.

En los momentos duros valoras las cosas que tienes, dejas de pensar que te pertenecen sin cuestionamiento alguno.

A PRUEBA DE BALAS

Al finalizar un juicio en el que dos personas que se han querido tanto y tienen en común lo más importante de sus vidas salieron sin despedirse y caminando en direcciones opuestas, llegó la prueba psicosocial para los tres: nuestro hijo, él y yo.

Dicha prueba sería en septiembre, cuando yo ya estaría en *Gran Hermano* para rearmarme económicamente —porque, todo hay que decirlo, en la época estos *realities* se pagaban muy bien—. La productora del programa accedió a que yo pudiera entrar en la casa y salir para acudir a la prueba psicosocial si iba acompañada de una persona del equipo y no hablaba con nadie más —ni siquiera con mis padres—, a fin de evitar que obtuviera información sobre cómo transcurría el programa fuera de la casa. En los *realities* de convivencia, la primera norma es el aislamiento, y vaya si la cumplí.

Si ya es dura una experiencia así cuando acudes desde tu casa, imagínate saliendo de Guadalix, sin poder hablar con tus seres queridos y muerta de miedo por la incertidumbre.

«Alba, a la ducha, tienes que irte», susurró la voz del Súper mientras los demás concursantes dormían. Yo llevaba toda la noche rumiando entre las sábanas sobre lo que ocurriría. Tengo la suerte de que mi hijo es el ser humano más generoso que me he encontrado. Nunca me juzga, sabe que intento hacer lo mejor para nosotros y encara las cosas con humor, pues la rama sale a la mata. Siempre he sido consciente de la fortuna que he tenido con mi propia familia —me la dieron mis padres, sus hermanos, los abuelos—, por eso me arañaba el alma imaginar que en pocas horas Fonsi y yo podíamos cargarnos la posibilidad de que Lucas tuviera una familia que lo hiciera sentir orgulloso el día de mañana.

No me refiero a que sus padres estuvieran separados, pues toda la vida he creído que eso es lo mejor para todos si los padres han dejado de desearse y hacerse bien. Me refiero a que los padres —las dos personas que tú, como hijo, más amas— vivan enfrentados, entre rivalidades y dolor. Agradezco al destino que ese no fuera mi caso, y me sentía incapaz de asimilar que mi hijo creciera en una familia confrontada.

Me monté en el coche con una mujer encantadora pero que solo podía saludarme y custodiarme. Ni una palabra de más. Llegué a los juzgados de Villalba y entré con el funcionario que me sometería a examen.

Me sentía juzgada —así era, en efecto—, insegura, dolida. Con la de niños que necesitan ser rescatados de una situación difícil, no era ese el caso de mi hijo. Me parecía injusto. El funcionario fue muy riguroso en su trabajo, me parece absolutamente perfecto, porque, tratándose de menores, así debe ser; sin embargo, la entrevista me resultó durísima, se me preguntó por horarios, actividades, amigos, estudios y se escudriñó exhaustivamente nuestra vida. Recuerdo que incluso me preguntó si el parto había sido natural, a término.

En un momento dado me dio un descanso, dijo que tenía quince minutos para acercarme a la máquina a tomar algo. «Me quedo aquí, no llevo ni dinero ni reloj», contesté. Al instante me entró el pánico de que mi honesta respuesta suscitara sus prejuicios: ¿el hecho de venir directa de un *reality* jugaría en mi contra?, ¿perdería la custodia de mi hijo mientras luchaba por ganar un *reality*?

Fue la peor de las pesadillas. Volví absolutamente devastada a la casa. Pensaba que la entrevista había ido bien, yo había sido franca y clara, pero temía haber caído en la trampa de mostrarme demasiado transparente. Me inquietaba qué le habrían preguntado a mi hijo y qué habría respondido. Quería hablar con mis padres, necesitaba un abrazo de mis amigos y desahogarme, pero tuve que volver en silencio, escoltada por el personal de *Gran Hermano*. No pude contarle lo sucedido a nadie. Ese ejercicio de contención me hizo mucha mella y me llevó al derrumbe emocionalmente dentro del concurso, ante la incomprensión salvaje de un presentador más ávido de audiencia que de humanidad.

Al finalizar el concurso, conocí la resolución. Nadie puede imaginar mi agonía. Justo en el momento en que abracé a mi madre al llegar a plató, me lo susurró al oído. Aparentemente, haber declarado que estaba haciendo terapia jugó a mi favor, al contrario de lo que muchas madres temen en situaciones parecidas. Y es que la verdad y la salud están por encima de todo.

Pasados los días quedé para hablar con Fonsi y acercamos posiciones. Ninguno de los dos ha deseado nunca el mal al otro, solo luchamos por algo en lo que no cabe la lucha, porque la fuerza hay que usarla en común para remar en la misma dirección e impulsar a nuestro hijo en su vida.

Nos equivocamos. Dejamos en manos de personas ajenas el devenir de nuestra familia, pero descubrimos a qué lugar nunca queremos volver.

QUIÉN DICE QUE EL AMOR TIENE FORMA

Poco después llegó la pandemia, murió el abuelo paterno de mi hijo y nos anunciaron que él tendría un hermano. Y siguiendo una reflexión budista que dice «Cada mañana nacemos de nuevo. Lo que hacemos hoy es lo que más importa», cicatrizamos heridas para unirnos ante la adversidad y en la alegría, como si nada antes hubiese dolido. Yo sufrí y me alegré con las noticias, pues eran de mi hijo y las sentía mías. Poco a poco todo se puso en su lugar e incluso mejoró, porque ya sabemos dónde no queremos vernos otra vez. A los meses celebramos la comunión de Lucas y el mejor regalo fue su familia. En el proceso, todos nos sentimos heridos, pero teníamos claro que la felicidad del niño era innegociable, por eso participamos en la celebración con cariño y alegría y yo sentí que ese era el mejor regalo que podíamos hacerle.

Terminado el evento, solo pensé en lo orgullosa que estaba de ambas familias, y que mi hijo era un afortunado por tener a personas que le quieren tanto y que son capaces de situarse en un segundo plano, perdonar y olvidar por él. Y es que, no nos engañemos, eso es el amor: mostrar que la felicidad de la persona que quieres importa más que el ego, los rencores y el orgullo.

La felicidad de la persona que quieres importa más que el ego, los rencores y el orgullo.

El regalo de ese día consistió en que viera que no tiene dos familias, sino una, unida por él. Somos su familia y todos tenemos derecho a verlo crecer y él tiene derecho a disfrutar de todos y cada uno de los miembros de su gran familia.

Así mismo, la familia de Lucas se ha convertido en mi familia. Todo lo que sea importante para mi hijo también lo es para mí; comprendo que mi hijo no sería tan maravilloso sin cada una de las cosas que le aporta cada miembro de su entorno. Y al ver cómo lo quieren, no me queda más remedio que quererlos a todos, porque a mí, si quieren a mi hijo, me tienen ganada.

Las relaciones de padres separados atraviesan varias etapas hasta que se encajan todas las piezas como si de un puzle se tratara. En nuestro caso, los niños lo vertebran todo, son nuestra prioridad y lo tenemos clarísimo.

En cuanto supimos que nacería el hermano de Lucas, empecé a quererlo, pues, si lo hacíamos bien, se convertiría en un apoyo precioso en la vida de mi hijo. Yo no tengo hermanos, pero sí primas a las que siento como tales y han sido mi apoyo y mis compañeras de vida, siempre. Lo deseaba tanto para mi hijo que siempre he soñado en dárselo yo.

Me alegré muchísimo por el embarazo de Marta, y Lucas lo vivió con enorme cariño e ilusión. Me hace feliz verlo ilusionado con el amor y la vida. Unos días antes del parto, fuimos juntos a comprarle un mono de peluche al que bautizó con el nombre de Lolo. Los últimos días los pasó con su padre y su mujer y estuvo en el hospital el día en que nació su hermano. No podía dormir y me llamaba a cada rato por la emoción, me parecía tan tierna su ilusión… Cuando me llegaron al móvil las fotos de mi hijo con su hermano en brazos, me pareció una de las imágenes más bonitas que he visto. Con qué cariño sujetaba Lucas a su deseado hermano, con qué amor le tocaba la cabecita. Me sentí inmensamente orgullosa y supe que su hermano sacaría siempre lo mejor de él. No me equivoqué. Se llevan nueve años, y cuando me habla de él dice «mi chiquitín». Cuando están juntos lo protege y lo cuida, el bienestar de su hermano se convierte en su prioridad. Adoro la empatía que muestra ante un ser que siente como parte de él. Y es que, en efecto, así es.

El día del nacimiento, al saber que ya estaba aquí, sentí de corazón que había llegado un nuevo miembro a mi familia y salí corriendo a comprar un conjuntito a juego para los hermanos, teniendo en cuenta que se llevaban muchos años y que Lucas no toleraba ya las cosas muy infantiles. Al llegar al hospital y ver a Hugo, me quedé en *shock*. Era como ver a Lucas recién nacido. Era precioso, como su hermano. Se parecían muchísimo aun siendo de diferentes madres. Me impactó. Para mí había nacido un sobrino y como tal lo he tratado siempre. Soy la tía Alba. Tenía la intención de quererlo, pues es el hermano de mi hijo, me encantan los niños y merecen siempre lo mejor porque son criaturas inocentes; sin embargo, con el paso del tiempo, me ha robado el corazón también por su carácter sociable y cariñoso, como el de Lucas. No lo quiero por obligación, lo quiero porque se lo merece y me sale así.

La llegada de Hugo nos unió a todos aún más, porque la prioridad residía en que los hermanos se quisieran y se criaran juntos. Un día Lucas llegó del cole muy triste, le habían dicho que Hugo era su hermanastro puesto que no tenían la misma madre. Le expliqué que eso no era así, que eran hermanos porque compartían padre y el amor de ambas madres y que, sin ningún género de duda, son tan hermanos como los que nacen de los mismos padres. Igualmente acordamos que en esta casa el amor no tiene nombre y que dos hermanos adoptados son hermanos absolutamente, que el hecho de ser hermanos no lo condiciona la biología, yo misma siento a mis primas como hermanas. Además, en su caso, la biología también los convertía en hermanos, de manera absoluta.

En cambio, biológicamente yo no soy tía de Hugo, pero lo siento así con todo el amor, y si él decide quererme igual, así será. Nadie decidirá qué somos para aquellos a quienes queremos, al menos en esta familia, no.

Nadie decidirá qué somos para aquellos a quienes queremos.

Marta y yo hemos atravesado distintas etapas. Cuando solo estaba Lucas en la ecuación y yo pasaba por una etapa difícil con Fonsi, nuestra relación se enfrió y distanció a causa de la situación del momento, pero con la llegada de Hugo creo que ambas hemos entendido mejor el papel de la otra y hemos priorizado el bienestar de nuestros respectivos hijos y de la familia entera. Somos dos grandes madres, con el tiempo y el contacto establecido debido a los niños le he cogido mucho cariño y la siento familia. Nos escribimos y quedamos aunque Fonsi se haya ausentado por el trabajo, y hacemos planes para que los niños se vean. Me siento inmensamente feliz cuando quedamos todos, y agradezco a la vida el regalo que supone esta familia formada con retazos y parches llenos de amor, de amor de verdad, del que salva obstáculos y entierra hachas, del que da nuevas oportunidades y se deja sorprender por la vida. Amor del bueno, no perfecto, pero sí de verdad.

Agradezco a la vida el regalo que supone esta familia formada con retazos y parches llenos de amor.

Las pasadas Navidades, por ejemplo, quedamos todos en casa de Fonsi para abrir los regalos de Papá Noel, con abuelos incluidos; al ver la estampa desde la puerta del salón, me emocioné. El día del cumple de Lucas vinieron Hugo y Marta, y, por supuesto, mi padre y mi madre se emocionaron con el pequeñín al cogerlo en brazos y darle besos. Lucas le dice a Hugo que sus abuelos también son los de él, de modo que cuando quiere los llama «abuelos». Y mis padres están al tanto de la vida del pequeño y cuando les enseño fotos contestan con un «Oooh» de emoción como todos los abuelos.

No somos perfectos, hemos pasado por fases muy diversas, pero como sucede en muchas familias, tenemos claro que los niños son lo primero y, a fuerza de luchar por ellos, nos hemos acabado queriendo todos. Marta sabe —igual que yo lo sé de ella— que si me necesita estoy aquí para ella y para el niño. Es muy generoso que compartan conmigo sus primeros logros en el cole o en la vida. Me siento inmensamente feliz y agradecida de que me hagan partícipe. No sé cómo lo hemos conseguido, pero no importa, lo relevante es que vivimos algo muy bonito y que haré todo lo posible por mantenerlo. No pienso quitarle a mi hijo ni una sola oportunidad de ser amado y amar. Sin etiquetas, sin prejuicios, sin rencores.

¿He dicho que no sé cómo lo hemos conseguido? Pero claro que lo sé: poniendo cada uno de su parte y buscando el amor y la armonía para todos.

Cuando pienso en lo mal que podría haber continuado la cosa y el giro de timón que dimos todos, siento la suerte que me depara la vida. Si las personas quieren, se pueden encontrar razones para solucionar las cosas. Muchas veces, esas razones son pequeñitas en tamaño pero enormes en valor y si por los niños no somos capaces de hacer el esfuerzo de encontrarnos en el punto medio de nuestras diferencias, es que el amor que decimos tenerles no vale nada.

Las nuevas incorporaciones a esta familia serán bienvenidas, porque la familia de mamá, papá e hijos ya no se erige como la única opción, y ello no supone ninguna afrenta contra los valores tradicionales. Ahora el amor se transforma en nuevas estructuras tan válidas y maravillosas como las convencionales, pues, a fin de cuentas, aquí venimos a conocer el amor, y quién osa afirmar que el amor tiene forma. No hay formas predeterminadas para amar, y quien diga que sí… lo siento, pero no ha amado.

Aquí venimos a conocer el amor, y quién osa afirmar que el amor tiene forma.

ÚLTIMA LECCIÓN DE AMOR

Me resulta imposible hablar de la familia sin mencionar a mis perros. Habrá quien no lo entienda: que se salte las siguientes páginas. El cariño inocente y desinteresado que convierte la propia existencia y presencia en un regalo solo se consigue con la compañía de un animal. Los animales son mucho más humanos que muchas personas que promulgan serlo. Hay más humanidad en cualquiera de sus acciones que en la mayoría de las personas. Ojalá todos aprendiéramos a amar como un perro, sin condiciones, en cuerpo y alma, a entregarte a otro ser y confiar, nada más. Ellos viven a merced de la voluntad de su amo y aun así son fieles y entregados sin medida. Te hacen sentir bien aunque no estés bien ni contigo mismo, algo científicamente comprobado: cuando abrazas a tu perro liberas oxitocina y la frecuencia cardiaca se reduce, y el mundo, ese lugar del mundo, se convierte en un oasis de pura paz.

Recuerdo nítidamente cuando soñaba con tener dos perros. Se llamarían Lunes y Lanas. La vida, como muchas otras veces, cumplió mi sueño y me acompañaron catorce años de mi vida. Mientras viva, nunca olvidaré sus miradas. Uno nunca olvida una mirada pura por su limpieza. Lunes incluso hablaba con los ojos. La fuerza de su mirada traspasaba y desprendía más fuerza que muchos seres humanos. Jamás dejaron de venir a verme cada vez que abría la puerta, daba igual que estuvieran durmiendo, jugando o en el jardín. Atravesaban como locos la estancia para verme. Esa sensación nunca se olvida. Cada día de mi vida los recuerdo, y siempre se me esboza una sonrisa, porque el recuerdo que tenemos de los perros dista del que forjamos de un ser humano, sabemos con seguridad que el animal siempre te dio más y sin pedir nada. El balance tan solo es positivo. Por eso *Los perros siempre van al cielo*, como decía el título de una película.

Ojalá todos aprendiéramos a amar, sin condiciones, en cuerpo y alma, a entregarte a otro ser y confiar, nada más.

La muerte siempre resulta dolorosa para el que se queda. Para el que se va, algunas veces supone un descanso. En ocasiones, también para quien se queda, pero no por eso deja de doler. Todos nos hemos enfrentado a la pérdida de algún ser humano, más cercano o lejano, que nos ha hecho reflexionar sobre la existencia y su volatilidad. Todos, en algún momento, hemos llorado una pérdida. Es ley de vida, dicen, pero nadie nos instruye. Son ley de vida tantas cosas para las que nadie nos prepara… como un desamor, una decepción, una traición; deberían enseñarnos a lidiar con todo ello con más premura y urgencia que con las matemáticas y la literatura. Estas también son relevantes, pero el hecho de saber qué hacer con las emociones no es importante, sino vital. A veces, en el más estricto y literal sentido de la palabra.

Yo considero que cuando uno muere, todos sus seres queridos que ya no están vienen a buscarlo. Una de las cosas que más paz me da ante la muerte —esperemos, muy lejana— es que ellos, Lunes y Lanas, vendrán a buscarme y los volveré a ver. Nadie entiende este sentimiento hasta que no tiene un perro u otro animal. Igual que nadie comprende lo que se siente al tener un hijo hasta que llega; se trata de otro tipo de amor, en el que tú te sientes como un perro: amas sin condiciones.

A un hijo lo quieres desde lo más profundo del alma y le perdonas y le consientes cosas que no permitirías a nadie más. El vínculo que se crea con un miembro peludo de la familia —pues opino que «mascota» no representa lo que son— es increíble. Estás todos los días con ellos, aprendes a conocerlos y a leerlos. Cada uno tiene su personalidad. A Lunes le asustaban los petardos y amaba la manzana, Lanas ladraba siempre que sonaba el timbre y buscaba el calor de un abrazo.

Los peores y mejores momentos de la vida los pasé junto a ellos, apoyando el hocico en mi regazo. Los días de desamor y lágrimas se tumbaban a mi lado y me miraban con una resignación que jamás reconocí en otros ojos. Parecía que quisieran decir: No puedo hacer nada para que no te duela y dejes de llorar, pero estoy aquí contigo. Por eso, cuando se van y lloras solo, los echas tanto de menos. Porque quien te acompañaba en tus lágrimas ya no está, y las lágrimas se deben a su ausencia. Además, no se han ido porque te hayan abandonado, eso escapaba a su voluntad. Se terminaba el ciclo de su vida. Estoy segura de que ellos, tan sensitivos, saben el dolor que te producirá su partida y, como no quieren tu mal, se resisten a marcharse. Así sucedió con Lunes.

Lanas se fue de manera natural. Tenía catorce años y yo me iba a un *reality*. Les pedí que no faltara ninguno de los dos en mi ausencia. Esa manía tan humana de hablarles como si nos comprendieran; pero, para mí, que nos entienden. Incluso más que nosotros mismos, muchas veces. Tardé tres meses en volver y ellos cumplieron la promesa callada que nos habíamos hecho. Pero a la semana de mi regreso, y habiendo cumplido mi deseo, Lanas se fue. Se fue tras despedirse, como no hacen muchas veces los humanos; no me dejó con el enorme dolor de no verla nunca más, sin esperar a que le diera un último beso. Hasta ese punto llega la fidelidad. Se fue tal como vivió, de manera discreta y algo sumisa —salvo cuando algún repartidor tocaba el timbre—. Bajó la cabeza, intentó no molestar y esperó a mi padre —su gran debilidad— para que la cogiera en brazos durante el paseo que no pudo terminar y la llevara a casa a morir. Cuando me llamaron por teléfono, sabía lo que iban a decirme y yo solo podía negarlo todo al otro lado del aparato. Qué dolor.

Lunes se fue un año después. Casi un año pasó. Estaba muy mayor y le costaba moverse, pero lo soñábamos eterno. De verdad pensábamos, ilusoriamente, que Lunes se quedaría para siempre con nosotros. Una noche, tras el ritual de la manzana —le encantaba que le troceáramos una antes de ir a dormir—, me tumbé un rato a ver la tele en el sofá y empezó a ladrar. Un ladrido seco y repetitivo. «Calla, Lunes», le dije, pero no cesó. Siguió así durante dos días, incluso se quedó ronco. Era una súplica, un rezo, un aviso de dolor sin retorno. No pudo levantarse y decidí dormir en el sofá con él. Intentaba que pasara la noche para llamar a su veterinario; mientras tanto, lo acariciaba y animaba. Esas horas en vigilia eran la antesala del hombre negro con la guadaña, y yo lo sabía.

Por la mañana, mis padres y yo le hicimos una especie de camilla con su camita y lo trasladamos al veterinario. A pesar de que pesaba mucho, las ansias de recuperar su salud nos hacían llevarlo como si se tratase de un almohadón de plumas. Antes de montarlo en el coche le di una manzana —su mayor placer—, me acompañaba el sentimiento de miedo de quien permite al reo sentenciado a pena de muerte la última voluntad. Al llegar, nos infundieron esperanzas; estaba muy mal, no podía levantarse ni moverse, pero lo probaríamos con una inyección repleta de antiinflamatorios y otros medicamentos, daríamos unas horas de tregua a nuestras ya deterioradas esperanzas. No funcionó. Eso de ganarle horas a la muerte es un desgaste brutal. Teníamos miedo y esperanza y no dejábamos de mimarlo e intentar grabar en la retina su imagen para recordarla en la eternidad. Le compré un arnés para levantarle las patas entre todos y que pudiera salir a hacer sus necesidades, pero resultó imposible.

Esa noche montamos campamento en la cocina, mi madre se quedó con él toda la noche, tumbada en el suelo, a su lado. Yo me fui a dormir con el deseo de que no se apagaran sus ladridos roncos.

Al levantarme seguía vivo, pero con expresión de cansado; estaba entregado. Hablé con la veterinaria y me dijo que si no podía cumplir sus funciones más primarias y biológicas con dignidad, lo mejor para él era dormirlo. Fue una decisión horrible, pero yo lo veía claro, lo habíamos probado todo y ya solo sufriría. Era muy mayor, y la situación, irreversible.

Lucas se enfadó porque no entendía que ya no lo vería más. No quedaba otra que enfrentarme a la muerte junto a él, pues Lunes era un miembro de la familia que vivía con nosotros y mi hijo lo veía a diario, tenía derecho a despedirse de él. Ante mi madre y yo, la veterinaria llenó la jeringuilla y procedió con respeto a introducírsela, del ojo de Lunes cayó una lágrima, no de despedida sino de agradecimiento, porque no podía más. Recuerdo el momento y su mirada, que aún hoy me encogen el estómago. Tuve que salir, era incapaz de ver cómo se marchaba, pero mi madre se quedó abrazándolo. En la sala de espera lloré como nunca, con hipo, que son alaridos, desde las entrañas. Después volví para desearle un buen viaje.

No he podido despedirme de ninguno de mis familiares, pero con él tenía una responsabilidad más allá de la vida. En los papeles era su dueña, jamás lo fui en la realidad, el dueño de mi corazón siempre fue él. Era mi bebé, mi cachorro, brotó mi instinto más maternal y entré a recordarle entre susurros y llanto que siempre estaría en mí.

Ahora tenemos a Fresh y a Lea, que han venido a revolucionar nuestro hogar. Son pequeños y ladradores, a veces muy pesados, pero terriblemente tiernos.

No concibo un hogar sin amigos peludos. No concibo un mundo en el que no se les trate con respeto y amor. No concibo una sociedad que no luche por los derechos de los animales, como de los bebés y niños y los ancianos, todos ellos seres indefensos y al

albur de nuestras intenciones. No entiendo un entretenimiento ba-
sado en el sufrimiento o dolor animal o en su acorralamiento y de-
nigración. La sociedad en la que quiero vivir es aquella que trate a
todos los seres vivientes y sintientes con el respeto que se merecen.

No concibo un mundo en el que
no se trate a los animales
con respeto y amor.

UN
ACEITE ESENCIAL

Palo de rosa, que ayuda en los
duelos, las pérdidas emocionales y
los momentos difíciles.

10.
UNO QUE SE LLEVÓ EL
match point

«Donde no puedas amar,
no te demores».

Frida Kahlo

Cuando me separé de Fonsi era muy joven e inexperta. Me había sucedido de todo ya, pero tan solo tenía veintiséis años. Estaba en un momento profundamente vulnerable y me repetía sin parar un mantra negativo: «Quién me va a querer a mí con un hijo». Absurdamente sentí que, siendo tan joven y mamá, viviría con el estigma de no encontrar el amor. Fue un año durísimo, me separé tres días antes de que Lucas cumpliese el año; además, me sentía como un trocito de papel arrugado tras doce meses llenos de problemas, con el puerperio, acompañada del sentimiento de la madre primeriza de «No sé si estaré haciendo las cosas bien», y ante el contraste de ver a mis amigos saliendo de fiesta mientras yo daba biberones.

Pensaba, y no en vano, que a Fonsi le resultaría más fácil rehacer su vida, no tenía las hormonas trabajando en su contra ni una barriga flácida con la línea alba marcada, no tenía al niño todo el tiempo encima ni le torturaba el sentimiento de culpa al irse a trabajar.

Porque a la mayoría de las mujeres nos pasa todo esto, todo esto a la vez, y ante una ruptura en un momento tan delicado piensas que será imposible reponerse de tal vulnerabilidad.

Si estás pasando por esto, yo también me sentí chiquitita, yo también pensé que no era la madre que había imaginado durante el embarazo, yo también sentí que me había equivocado, y, alguna vez, con un gran cargo de conciencia por ello.

Yo también pensé que nunca me volvería a sentir atractiva y deseable, yo también me sentí culpable al irme a trabajar y dejar a mi bebé al tiempo que me sentía aliviada por dejarlo y recuperar algo de mi individualidad.

Todo eso lo sentí; ahora me da ternura y si pudiera hablar con la Alba de entonces le diría una sola cosa: «Sécate las lágrimas y haz el puñetero favor de dejar de juzgarte, disfruta de este momento, porque pasará y vendrán otras cosas y recuperarás la confianza en ti misma, entonces dejarás de sentirte tan vulnerable y dejarás de pensar que no eres suficiente, serás una versión mucho mejor de ti». Créeme, volverás a sentirte fuerte.

CUPIDO ESCULPIDO EN *SHORTS* DE TENIS

En un momento así, como comprenderéis, si viene un hombre físicamente perfecto —siempre dije que era un dios griego esculpido en mármol— que te ve guapa y sexy cuando tú no te sientes así, adora a tu hijo y encima es un tenista internacional que despierta admiración, pues hay que ser muy fuerte para no caer.

Aprendizaje importante: no se puede empezar una relación desde la vulnerabilidad, porque entonces construyes algo desequilibrado que tarde o temprano se va a derrumbar. Tienes que empezar una relación estando emocionalmente bien, de lo contrario tendrás un parche temporal, pero nada sólido a largo plazo. Resulta imposible ver las banderas rojas o decidir si es la persona adecuada cuando tú no estás bien. Nadie, absolutamente nadie, viene a salvarte de una situación.

> No se puede empezar una relación
> desde la vulnerabilidad.

No hay caballeros que lleguen en un caballo blanco, ni siquiera cuando vienen vestidos de blanco y con raqueta, a ver si me entra ya en la cabeza a mí también. La única persona que necesitas es a ti misma. Necesitas recuperarte a ti, acompañarte de ti y quererte a ti.

Si tienes un vacío enorme dentro de tu ser porque estás haciendo un duelo por un proyecto de vida truncado con alguien, y si empiezas a conocerte en tu faceta de madre y no te sientes al cien por cien, te aconsejo que no entres en una relación, porque entonces estarás llenando de manera artificial y poco responsable huecos de afectividad que debes rellenar contigo misma. Ten paciencia, habrá tiempo y personas más adelante.

Todos tenemos vacíos internos que no se solucionan comiendo, comprando, jugando, bebiendo o echándote pareja para impedirte pensar en tus carencias y miedos. Hay que coger el toro por los cuernos —que vienen muy al caso en el presente capítulo sobre mi exmarido, no puedo perder mi humor, lo siento— y enfrentarse a esa maldita sensación de vacío en las entrañas.

Da un miedo que te mueres y yo no siempre lo consigo, pero hay que ser muy honestos con nosotros mismos y solucionar las cosas desde los cimientos en vez de echar la basura debajo de la alfombra; porque tarde o temprano la basura huele, que es lo que le ocurrió a esta relación. Si empiezas mal, no hay que ser muy listo para imaginar cómo terminará la cosa si no ocurre un milagro. Pero en tales cuestiones, siento desilusionarte, los milagros no existen.

En este libro estoy intentando reflexionar sobre la responsabilidad que tengo en mi vida y extraer enseñanzas que puedan servir, aunque, como decía mi abuela, «Nadie escarmienta en carne ajena». De todos modos, a veces es útil escuchar la experiencia vital de otros, si no es para aprender, que sirva para hacerte sentir menos solo y menos raro.

Quiero hacer un ejercicio profundo de responsabilidad sin entrar en las partes que me duelen, que han llevado a cabo los demás y ya no me suman. Os prometo que implica un ejercicio de fuerza de voluntad, solo quiero reflexiones constructivas que puedan ser útiles. No quiero hacerle el trabajo personal a nadie, que cada uno pague su terapia, por eso solo hablo sobre mis parejas desde mi aprendizaje personal. No desde el odio, rencor o dolor. En este caso, ni eso queda. Aun así, quiero pensar que en algún momento intentó hacerlo lo mejor que pudo y le doy las gracias si así fue, solo por el esfuerzo. Aunque se trate de milésimas de segundo, si intentas ser mejor, es digno de reconocimiento.

DAR LA VIDA Y EL ALMA A UN DESENGAÑO

Tan solo once meses después de la boda, mi relación con el famoso cupido en *shorts* de tenis se terminó. Habría dolido mucho si las cosas se hubieran hecho bien, porque siempre se sufre al dejar una relación que implicaba un proyecto de vida, pero la forma deshumanizadora en la que todo sucedió resultó desgarradora. Acabé sumida en una depresión, sin poder dormir y rumiando día y noche las posibles razones de aquella sangría emocional.

Me cuesta muchísimo recordar aquellos momentos, pues remueven mis cimientos. Todo empezó —para ahorrar detalles e ir a lo mollar— cuando salieron a la luz unas fotos del que era mi marido en Miami, con otra mujer.

Para que os situéis, según él no había billetes para que yo fuera ese año al Open de Miami; el día antes, además, mi madre me había comunicado que tenía un cáncer de tiroides y debía ser intervenida. Yo me encontraba haciendo de tripas corazón para que a Lucas no le afectase nada. Me levanto en Marbella —era Semana

Santa— con mi madre, mi hijo y el teléfono lleno de mensajes. La noche anterior había estado llorándole al que era mi marido por la situación de mi madre. Él, a modo de consuelo, había decidido salir a disfrutar, y mucho, de la noche americana.

Los rumores de testigos de su encuentro con una mujer y las imágenes se sucedían en mi móvil cual tren de mercancías sin parada para viajeros. Intenté contactar con él y, cuando por fin me cogió el teléfono, salieron de mis entrañas toda clase de exabruptos reclamando una explicación. Él, haciendo alarde de gran empatía y sensibilidad —entiéndase la ironía—, me dijo: «No tengo que darte ninguna explicación». Entonces volví de Marbella y, en busca de un poco de apoyo femenino, quedé con la que era mi suegra. Craso error. Me dijo: «Le has hablado mal, pídele perdón. No va a cambiar el pasado, pero puede mejorar el futuro». ¿Qué?

Supe que no había nada que hacer. Y aprendí qué clase de suegra no quiero ser. Siempre se lo digo a Lucas, el respeto a las mujeres es fundamental, trátalas como te gustaría que tratasen a tu madre.

Para no alargarme ahora, me dediqué a mi madre, a su operación y recuperación; él, a salir y a no coger el teléfono. Llegó a la final del Roland Garros de dobles, y Lucas, que en aquel momento lo quería como a un padre, lo llamó ilusionadísimo para pedirle una foto de la copa. ¿A ti te llegó esa copa? A mí tampoco, pero mi hijo vio una copa, buscada en internet por mí, en el móvil.

Las personas que empiezan una relación con alguien que tiene hijos deberían ser muy conscientes del esfuerzo extra que conlleva, sobre todo a la hora de romper. Siempre hay que salvaguardar a los menores, sean tuyos o no. Y si no eres lo suficientemente maduro para disociar y entender que los niños deben quedar aparte de los problemas de los adultos, es mejor que, aunque te guste mucho esa persona, no inicies la relación. En 2016 eso aún no tenía nombre y vagaba en el terreno de la moral, hoy se le llama «responsabilidad emocional».

Al hombre que te causa un daño desgarrador tampoco lo olvidas nunca. Pero de ese dolor he sacado lecciones que, incluso mucho tiempo después, puedo aplicarme a mí misma en otras situaciones. Sin embargo, antes del aprendizaje las cosas fueron aún a peor.

> Al hombre que te causa un daño desgarrador tampoco lo olvidas nunca.

EN LA BOCA DEL INFIERNO

Tras un mes de insomnio, silencios, mensajes de personas que habían visto al tenista con mujeres en Barcelona, y con los pensamientos arremolinándoseme en la cabeza, llegué llorando a mi psicóloga, en la clínica de día de la López Ibor. Acudía ahí porque me la recomendaron, y no mentían, era buenísima. Me aconsejó un ingreso urgente y me recetó medicación para descansar y controlar la ansiedad.

No podía conducir, no podía pensar en otra cosa, por las noches me despertaba cada media hora con espasmos y pesadillas, tenía sudores y destemple. Llamaron a mi madre, que de inmediato dejó a mi hijo con sus abuelos paternos para venir con mi prima Bea a ingresarme. Recuerdo poco del momento del ingreso, pues estaba muy cansada y exhausta de llorar; necesitaba dormir, pero no podía. Por protocolo me quitaron auriculares, cordones y cualquier objeto susceptible de facilitar un comportamiento autolesivo. No quería morirme; aunque lo llegué a verbalizar, lo que quería era detener la mente y descansar.

Nunca olvidaré la cara de dolor de mi madre, recién operada de tiroides, ni las palabras de ánimo de mi prima —a quien considero una hermana y que me ha hecho madrina de su hijo— asegurándome que todo eso pasaría. Me medicaron y ya esa noche, después de casi un mes, pude dormir del tirón y descansar. Mi madre estaba en una cama al lado. Mi marido no contestaba a las llamadas. No se enteró de nada, andaba pajareando. Los dos primeros días los recuerdo como en una nube, todo se esbozaba borroso en mis pensamientos, solo era capaz de entreabrir un poquito los ojos de vez en cuando y seguía durmiendo.

Al tercero pedí el alta voluntaria por pánico a que la noticia trascendiera a la prensa. En 2016 todavía no se hablaba de salud mental, así que, cuando se hizo pública mi situación, tuve que aguantar titulares, memes y burlas tildándome de loca. «No estoy loca, señores, tengo depresión», dije sin miedo. La prensa se apostaba en la puerta para fotografiarme bajo el cartel de la clínica cuando entraba a ver a mi psicóloga. Nadie tuvo empatía ni vergüenza. Lo que no les faltó fueron ganancias a mi costa.

A mí, los psicólogos y los psiquiatras me han ayudado muchísimo y he podido comprobar que son complementarios y no excluyentes. A veces, para salir del atolladero necesitas medicación y, por otro lado, necesitas herramientas y terapia para mejorar. Hasta hace cuatro días, tanto los psicólogos como los psiquiatras eran los grandes incomprendidos de la salud, porque todo lo que no es tangible crea incredulidad. Todavía hoy, con la salud mental en boca de todos, se pone en duda la medicación prescrita por un psiquiatra, algo que no ocurre con ninguna otra especialidad médica. Si el neumólogo te prescribe un inhalador para el asma, no lo cuestionas. Si el cardiólogo te receta una pastilla, te la tomas sin rechistar, pero si la medicación la estipula el psiquiatra, cuidado, hay que mirar contraindicaciones, preguntar a familiares y amigos y poner en tela de juicio todo lo que nos indica.

Me hace gracia que todavía haya gente que suelta algún chascarrillo sobre la locura cuando dices que vas al psicólogo. Más allá de evidenciar su ignorancia pienso que, muchas veces, quienes no acuden al psicólogo no es porque estén libres de necesidad, sino más bien que quienes acostumbramos visitarlo somos los que hemos sufrido a aquellas personas que no van ni han hecho su trabajo personal.

Recuerdo que durante los meses de depresión me daba todo igual, que todo el mundo se empeñaba en que pensase en mi hijo, pero yo no podía. De hecho, sentía eso como un lastre, no como una frase de ánimo, porque a pesar de haber adorado siempre a mi hijo hasta la médula, cuando alguien tiene depresión no valora su vida ni lo que lo rodea, solo quiere descansar, así que todo lo que supone una alegría en una vida normal se convierte en una carga pesada, en un lastre.

Solo me sentía segura durmiendo. No podía dejar de dormir. No podía comer. De hecho, recuerdo que al principio —y hasta que poco a poco empecé a comer de nuevo— mi madre me daba algo de zumo con pajita, para tragar las pastillas, y lloraba. Ojalá nunca tenga que ver a mi hijo en esa situación. Al principio no me duchaba, no podía con mi alma y así sonaba mi frase: «No puedo con mi alma». Cualquier acto rutinario que acostumbramos hacer sin esfuerzo alguno me parecía imposible de conquistar.

Cuando empecé a sentirme algo mejor, me duchaba en cuatro fases, como digo yo. Físicamente no podía ducharme del tirón y tenía que salir para tumbarme tres o cuatro veces durante el proceso. No podía. Porque cuando alguien con depresión te dice que no puede, es que no puede, ni mental ni físicamente. Hay que hacer un esfuerzo sobrehumano para salir de ahí.

Si estás atravesando una depresión no creo que me leas, pero si alguien que quieres está pasando por algo así, debes ser comprensivo, no te imaginas lo duro que resulta si no lo has vivido en tus carnes. Como acompañantes, debemos ser empáticos al tiempo que instamos a la persona a levantarse, y quien lo sufre tiene que intentar esforzarse un poquito, lo que pueda. Salir de ahí requiere un trabajo brutal. Poco a poco y día a día hay que esforzarse, y hacer un poquito más que el día anterior. Pequeñas conquistas diarias: cuidar el aseo personal, aunque tarde mucho y haga paradas para descansar; comer, aunque sea un poquito cada día; algún ínfimo paseo, aunque al acompañante le parezca poco. Es importante mostrar empatía con quien sufre esa situación, ser cariñoso pero animarlo a que mejore un poco cada día, a no tirar la toalla.

Tardé muchos meses en volver a sentir ilusión por algo y recuerdo perfectamente el día en que volví a disfrutar con un refresco en una terraza, acompañada de mi familia. Fue la primera vez que salí y me sentí bien, lejos de ir obligada y sin ganas ni ilusión para cumplir con los deberes que me ponía el médico.

Ahora recuerdo aquel momento con lágrimas en los ojos, porque mientras te ves sumida en la enfermedad no crees que volverás a sentir ilusión y ganas por algo, y mucho menos, felicidad. Pero con mucho trabajo, y con esfuerzo, se puede volver a disfrutar de un atardecer, de la vida y de la suerte de estar vivo.

Las huellas de aquella vivencia me han perseguido siempre. En *Gran Hermano*, por ejemplo, ante la posibilidad de perder la custodia y con el estrés que suponía estar ahí encerrada, tuve mucho miedo de volver a caer. En esa época lloraba mucho, le decía a mi psicóloga que no quería tener otra depresión. A pesar de que los profesionales me dicen que ya conozco los síntomas que preceden la enfermedad y de que tengo herramientas suficientes para evitarlo si vuelve a ocurrir, siempre que la vida me da un revés me entra pánico, porque no quiero que regrese todo lo que viví.

Mi hijo también pasó su duelo tras la ruptura con Feli. El hombre al que veía como a un padre no volvió a llamarlo ni a interesarse por él, y, por supuesto, tampoco se despidió. Su madre se fue dos días de casa sin avisar, estaba ingresada y él no entendía nada. Tenía cinco añitos. Nunca olvidaré el día que volvió a casa, al cabo de una semana. Yo estaba en plena depresión, pero algo me hizo salir de la cama para recibirlo. A medida que me acercaba, mi hijo empezó a llorar diciendo que no quería verme porque me había ido unos días y no me había despedido. Ese, sin duda, ha sido el momento más duro de mi vida. Lo recuerdo y aún me vienen las náuseas y las ganas de llorar. Se sentía solo y abandonado, pero yo estaba enferma y no podía hacer otra cosa. Miré a mi madre llorando y le dije: «Voy a odiar a este hombre mientras viva».

El duelo por mi exmarido se me quedó enquistado durante mucho tiempo. Cuando finalmente lo pasé, todo el daño que llevaba enconado desapareció y ya no volví a acordarme de él con dolor. Cuando empecé a trabajar la energía familiar y personal, me di cuenta de que hay sucesos, personas o hechos que creemos haber sanado o trascendido pero que siguen sin resolverse.

Por suerte, todo pasa y, aunque durante largo tiempo fue así porque cada día me levantaba y me tomaba una pastilla en homenaje a su poca responsabilidad emocional, tras un trabajo enorme puedo decir que no le guardo rencor y que todo eso que viví ha hecho de mí la persona que soy. Y mejor que antes, espero.

UN
ACEITE ESENCIAL

Pachuli, que es un afrodisiaco masculino. Aceite apodado el Empotrador.

11.

QUIERO UN DIVÁN PARA *llorar*

«Me enamoro como se
enamora una persona
inteligente: como un idiota».

Ángeles Mastretta

«Algunas personas no
enloquecen nunca. Qué vida
tan horrible deben de tener».

Charles Bukowski

Yo soy muy dramática y lo vivo todo intensamente. Vivo muchos dramas, también muchas comedias. Sin embargo, esa fue, por suerte, la última tragedia que me ha tocado vivir hasta la fecha; espero que, por mucho tiempo. Cuando estás dentro del infierno parece que no vas a salir, pero la vida encuentra la manera y se acaba abriendo camino. Vuelven las primaveras, vuelven las fiestas y, por supuesto, también vuelve el amor.

EMULAR LO BUENO

Para mí no hay nada más maravilloso que conectar con alguien en el plano intelectual, porque, curiosamente, te hace conectar sexualmente de una manera muy especial. Y es que el sexo —no nos engañemos— empieza en la cabeza. El atractivo, el deseo, las ganas empiezan en la cabeza, en los pensamientos.

Mi primera pareja después de separarme me atrapó brutalmente a nivel intelectual. Eso puede sonar a chiste, pero es verdad y así lo voy a contar: nos hicimos socios de la Biblioteca Nacional e íbamos los sábados a leer e investigar antes de comer rico por Madrid. Para mí eso era un sueño y creo que fue lo que me hizo verlo mucho más deseable y atractivo. Él era guapo, pero yo lo veía increíblemente atrayente y estimulante gracias a que conecté con él en ese plano. Leíamos, compartíamos reflexiones, pero no desde un punto de vista pedante y aburrido sino de una manera distendida y natural. Lo sentí como un auténtico regalo de la vida en ese momento, un soplo de aire fresco.

El sexo empieza
en la cabeza.

A una mente interesante no puedes escapar. Tiene que gustarte físicamente, obviamente, pero si conectas en el plano intelectual estás perdida, te vas a enamorar. Recuerdo esa relación con el máximo cariño porque fue tremendamente enriquecedora. También me sucedió que, cuando ya la cosa andaba mal entre nosotros, no quería dejarlo debido a su madre. Ella era una mujer espectacular, una suegra maravillosa. Yo venía de una relación en la que el apoyo femenino brillaba por su ausencia y agradecí poder confiar de nuevo, no solo en los hombres, sino en las mujeres. Como, a modo de pequeño homenaje, he tomado otras veces de modelo a mujeres que me fascinaban en el plano laboral, ante una mujer tan profundamente inspiradora, femenina, cariñosa, interesante y sensible decidí que ese era el modelo de suegra que yo quiero ser el día en que Lucas se enamore, sea de quien sea. De todo se aprende, y no siempre tiene que ser de experiencias negativas. Yo proyecté, gracias a ella, su comprensión y manera de actuar, la forma en la que yo quiero ser suegra algún día.

Repetir lo que alguien te hizo y te dolió es de necios. En cambio, las personas que nos inspiran, que nos hacen sentir bien, están presentes para que las copiemos, las repliquemos, las emulemos desde nuestra versión de vida. No nos centremos tan solo en no reproducir aquello que nos hayan hecho y nos haya dolido. Hagamos del mundo un lugar mejor a base de repetir lo que alguien nos hizo de bueno y que nos hizo sentir bien.

Cuando seas suegra, recuerda que algún día fuiste novia. Cuando seas mayor, recuerda que algún día fuiste joven, y, a los jóvenes, novias e inexpertos: proyectaos en gente inspiradora, dejaos guiar, replicad lo bueno que veáis en otros.

De todo se aprende, y no siempre tiene que ser de experiencias negativas.

DESEOS Y PREMONICIONES

Un año, de repente, tal como me sucede todo en la vida, me fui a pasar el fin de año a Nueva York con Lucas, que quería ver caer la bola a las doce en Times Square. Elijo el hotel más cercano y nos vestimos de punta en blanco para la gran cena de gala. Mi gozo en un pozo cuando llegamos y la gran cena de gala resulta ser *nuggets* de pollo, ensalada de bolsa y cosas de ese estilo. Eché tanto de menos los langostinos, el jamoncito ibérico, las cositas ricas de España.

Mientras tanto, Lucas disfrutaba de su pizza feliz y yo lo miraba pensando que siempre hay gente conforme, en todas las situaciones. Hicimos unas amigas y quedamos con ellas a las once en la calle para ver caer la bola. Cenamos a las ocho. Quedaba tiempo y decidimos subir a la habitación a ver una peli hasta la hora acordada.

Nos levantamos abrazados el día 1 de enero a las nueve de la mañana. No vimos caer la bola, pero estábamos juntos y en Nueva York. ¡Vamos a por el año! Recorrimos todas las jugueterías y tiendas de chuches de Manhattan y nos hicimos fotos en todas las locaciones de *Solo en casa 2.* Qué bien lo pasamos, somos el mejor equipo.

El día que visitamos el Empire State grabé un *story* premonitorio, me sucede a menudo. En el vídeo dije: «Lucas, ¿qué le pides al año?». «Que mamá tenga un novio futbolista del Real Madrid». A la gente le hizo mucha gracia. Dos días después, recibo un mensaje de alguien por Instagram, con el *tick* azul. Ni idea. Me meto en su perfil. Juega al fútbol en el Real Madrid. Es portero. «Lucas, ¿conoces a este chico?», le pregunté. «Mamá, es el portero del Madrid, contéstale, que quiero unos guantes».

Nos pusimos a hablar y empezamos a quedar en su casa, en la mía, y cenamos en sitios muy discretos, hasta que nos pillaron. Ciertamente, me ilusioné con la idea de familia. Lo que vi en él es que era un padrazo, y también fue cariñoso con Lucas. El primer día que vino a mi casa, Lucas estaba en el porche jugando a la Play. «Lucas, ven, mira quién ha venido a verte». «¿Los abuelos?», preguntó él. «No, ven un momentito». Entró en el salón y nunca olvidaré su cara al recorrer con la vista esos dos metros de hombre. Le regaló los guantes y la camiseta y le hizo muy feliz.

Todo saltó por los aires al hacerse público. Él no aguantó la presión de la prensa, que lo acompañaba incluso al cole de sus hijos, y yo no aguanté la presión de los madridistas, que me culpaban de su mala racha. Ante tal situación, y aunque él quería que nos siguiéramos viendo a escondidas, decidimos dejarlo ahí y terminar bien. Yo no sé estar con nadie a escondidas. Todo marchaba a la perfección e incluso seguíamos mensajeándonos, hasta que lo invitaron a un programa de radio; el periodista, el típico periodista deportivo de ideas anticuadas, le habló mal de mí y él no tuvo la decencia de manifestar que eso era falso y que yo no había sacado beneficio alguno de la relación. Me pareció muy cobarde que no se atreviera a contestar claramente lo que él sentía, solo emitió una risilla absurda que a mis ojos lo convirtió en un títere en manos de ese periodista tendencioso. Me dolió mucho y me salió una calentura enorme debido a la bajada de defensas; la gente que me conoce sabe que me salen calenturas con los disgustos, y él me decepcionó.

JUGAR LIMPIO O PERDER

Justo el día de las accidentadas declaraciones, en la cadena de televisión donde trabajaba, en maquillaje, un nuevo presentador que había conocido la semana anterior porque trabajaba en la misma productora que yo me daba ánimos en referencia a ese tema y me decía que me había escrito por Instagram. Era un mensaje de ánimo. El chico era monísimo y me pareció un detallazo. Le contesté y empezamos a hablar, a quedar y a enamorarnos. Verdaderamente tenía muchas cosas buenas, pero él sabe que no se portó bien conmigo. Para mí, él era mi familia y estaba absolutamente convencida de que, aunque lo dejáramos, así seguiría siendo. Le acomplejaba lo de ser un periodista «serio» y ver que yo continuaba con mi vida. «No cuelgues fotos en bañador en Instagram, no van a respetar tu trabajo», decía su madre.

Todo eso nos lastró. Yo sé que hubo un tiempo en que lo quise muchísimo. También sé que me desinflé porque no podía imaginar un futuro con él. Sea como fuere, siempre le guardé cariño, pero cuando me enteré de todas las veces que no había sido honesto conmigo, me rompí en pedazos. De él no me lo esperaba, nunca lo habría imaginado.

Después de haberlo dejado, él intentaba que volviéramos, venía a casa y llamaba a mi padre para llorarle. En estas, un día me llamó una chica contándome que había sido su amante mientras él estaba conmigo. A ella le decía que ya no estábamos juntos cuando salíamos en la prensa y ella se lo fue creyendo. Cotejamos mensajes y fotos y alucinamos. Decidimos quedar para pedirle una explicación. Ella no tenía coche y me pidió que fuese a recogerla. Era monísima y encantadora, y primero pensé que ese chico no merecía la suerte que tenía con las mujeres. Ella me contó que le había preocupado llamarme, por si me enfadaba. Le expliqué que yo no tenía ningún problema con ella, al revés, ella era otra damnificada del egoísmo del presentador. Le recordé que ella no tenía ningún compromiso conmigo y que quien me había mentido y fallado había sido él. Fuimos a pedirle explicaciones y nos cerró la puerta en las narices, muy maduro y derrochando una empatía y una sensibilidad brutales.

Lo peor es cuando te defraudan como personas, como seres humanos. Ser pareja amorosa queda en segundo plano. En el amor, como en la vida, hay que ser muy honestos. La mayoría de los problemas vienen por no ser sinceros con nosotros mismos. ¿Cómo vamos a serlo entonces con los demás?

Pude cerrar esa etapa y me queda una buena persona con la que me escribo de vez en cuando. La chica, claro, del otro no sé nada.

En el amor, como en la vida, hay que ser muy honestos.

UN DESCANSO PARA LOS CORAZONES ROTOS

Cuando estoy centrada en un desamor me empacho como con una bandeja de pasteles, hablando y pensando, hasta que paso ya del tema. Me empacho con los temas, les saco su jugo y, cuando me siento como con un cólico, reseteo y solo puedo tratarlos con humor. En el momento en el que empiezo a hablar de un tema con humor, ironía y chascarrillos significa que lo he superado.

He intentado sacar un clavo con otro alguna vez, y me he acabado enamorando del segundo clavo y hasta del martillo. Luto prudencial y descanso para corazones rotos.

Siempre que termino una relación, como soy tan dramática, me agarro al cine clásico como tabla de salvación. Cuanto más en blanco y negro sea la película, mejor. Y luego leo biografías de divas de Hollywood, otra de mis pasiones. El presente es: tengo treinta y seis años, no quiero usar aplicaciones para ligar porque soy conocida, anhelo volver a ser madre y la cosa pinta rara. Todo va a mejorar, me río de medio lado mientras escribo esto. No me dejo..., nunca me he dejado. Hay mucho que vivir. Marilyn, sin ir más lejos, anheló toda la vida el amor e incluso llegó a colgar anuncios en periódicos en busca de alguien que amortiguara el tempestuoso latir de su corazón.

Me veo en cada una de estas divas, en versión castiza, claro. Llorar por amor, rodeada de perlas, en la suite de un hotel con una copa de champán, aunque yo prefiero vino, por el problema que —ya lo sabéis— tengo en las piernas. Siempre se acciona más fácilmente la palanca de abrir con un Riberita. El vino, no el torero, claro. El torero es con «uve».

Llorar con ondas al agua es otro rollo si vistes una bata de seda con plumas, se sitúa en el nivel de drama que necesito. Pero la vida no me hizo ser una Margarita Cansino —Rita Hayworth, para los cinéfilos— o una Ava Gardner del siglo xx, sino una Alba Carrillo en la España del xxi. Y llorar con vaqueros rotos y Uggs en invierno, con una cerveza mixta, recién duchada en el apartamento modesto de una amiga cuando tu drama es nivel Metro Goldwyn Mayer, duele mucho. Hace que tu dolor se multiplique. ¿Por qué a mí? Quiero un diván para llorar. Toda mujer debería tener un diván para llorar, debería subvencionarlo el Estado. Un diván por persona, por favor. Ya estoy sacando mi humor, me estoy recuperando... y es que Carrillo nunca muere.

TE SALVAS TÚ O NO TE SALVA NADIE

Ojalá existieran esos galanes de la época dorada de Hollywood que venían a buscarte. Sinatra recorrió medio mundo para buscar a Ava Gardner, que estaba con Dominguín en España, taconeando en todos los tablaos. A mí, siempre que me he ido con aires fílmicos, no me ha venido a buscar nadie.

Y esos aviones... que confiabas que el hombre que amabas los parara correteando sin fuelle por la pista con una rosa en la mano tras haber sorteado a todas las azafatas gritando en nombre del amor. Todos mis aviones despegaron. Conmigo dentro. Sin galán y sin rosa. Pero, hija, ¡y lo que hemos amado! ¿Eso quién nos lo quita? Nadie. El mismo que nos buscó: nadie. Ese mismo nadie.

¿Qué les costaba a Fonsi, a Feli o a vete tú a saber quién correr por una pista del aeropuerto de Barajas clamando amor? Habrían alimentado mi película mental, me habrían acercado a lo que sintió Elisabeth Taylor con Burton, y estaría eternamente agradecida. ¿Qué les costaba?

En las películas, cuando hay un desencuentro entre la pareja y ella hace ademán de irse, él la agarra con fuerza y le da uno de esos besos comúnmente llamados —y por algo será— «de película». Si la protagonista mete las cosas en una maleta de fin de semana y sale a llamar al ascensor, el protagonista la intercepta en el descansillo. Si por un casual llega a irse a su casa, él la buscará a los pocos días porque se ha dado cuenta de que no puede vivir sin ella.

¿A ti te ha pasado esto en la vida real? ¡A mí no! Yo he llegado a estar esperando el ascensor media hora por si se arrepentía y abría la puerta para echarse en mis brazos, pero nada. He bajado al garaje muy digna y he abierto el coche muy lentamente, pero nada. He llegado a casa esperando la llamada desesperada a media noche, pero ni un mensaje, señor mío. Nunca, nadie, jamás abrió.

Y de lo de recorrerse a toda prisa el aeropuerto sin pasar por el control policial y demás, y llegar cuando el avión iba a despegar, ni hablamos.

Siempre he alucinado con esto. Cuando vas de viaje te paran tres horas en el control de policía: «El reloj», «quítese el cinturón», «las botas son altas», «lleva un líquido»… Y en las películas, el enamorado se salta el tedioso proceso entero en pro del amor y no solo no lo interceptan, sino que lo aplauden, vitorean y le dejan paso.

En la vida real no hay príncipes que rescaten, te rescatas tú. Al principio, cuando una se da cuenta de esto, sufre un poco porque hemos romantizado la dependencia, pero cuando aprendes que si no estás bien puedes coger tu ascensor, tu coche y tu avión y vivir tu vida sin amores mal entendidos es una maravilla. Pues resulta que el amor no es toda esa teatralización romántica de las películas.

Yo adoro el peliculeo por un rato, pero, seamos sinceros, no lleva a nada. A estas alturas, o me pones un amor sano, tranquilo, realista y sin tanta alharaca o sola ya estoy bien. El amor no es teatro, el amor es suma y, si no te suma y te mejora la vida, la opción válida es, siempre, contigo mismo. Y me parece fundamental no autoengañarse, eso solo queda bien en las películas, no te cuentes cuentos ni se los cuentes a nadie.

Las películas terminan cuando todo está bien. Las de Disney, por ejemplo, habría que ver cómo acabaron la Bella y la Bestia tras años y años de convivencia, o la Sirenita después de renunciar a su medio natural por amor: al principio se sentía feliz, pero el último *frame* era la boda, habría que verla ahora. No han hecho la segunda parte: con estrés laboral, hijos y parientes, si no ya verías dónde quedarían los cuentos Disney. Glups.

LA MANZANA DE EVA, LA DE NEWTON Y LAS MIL MANZANAS DE ALBA

Para cerrar esta parte con broche de oro, os contaré mi secreto infalible para superar rupturas amorosas: Formarse. Estudiar.

Aprender. Desde el primer desamor, y como técnica de supervivencia, innata y natural, cada vez que mis relaciones empezaban a hundirse como el Titanic, yo buscaba algo que me apeteciera estudiar y me aferraba a ello con ganas para focalizarme en algo positivo. La ruptura no te la quita nadie, pero lo que aprendes tampoco.

Al primero le debo la carrera de Publicidad; a otro, aromaterapia y Flores de Bach; al que siguió, el grado de Criminología, y al último, un máster en Marketing de Moda y Lujo. A todos ellos: gracias.

La ruptura no te la quita nadie, pero lo que aprendes tampoco.

A Fonsi le debo la más divertida. Cuando lo nuestro ya empezaba a hacer aguas, recordé lo que hizo Audrey Hepburn en *Sabrina* para recuperarse de un desamor y me apunté a estudiar cocina en la prestigiosa escuela culinaria Le Cordon Bleu. Sí, Tamara no fue la primera.

Deseaba irme a París, pero con un bebé de diez meses no parecía una idea muy práctica. Me puse a investigar y resultó que la escuela había abierto sede en Madrid hacía muy poco. ¿Casualidad? No lo creo. No tenía el glamour de París, pero para mi posparto resultaba mucho más cómodo, así que me apunté sin dudarlo en la especialidad de Pastelería Francesa, necesitaba un chute de azúcar.

Recuerdo el primer día, una grandísima ilusión y un estrés brutal. Pero qué maravilla sentirse vulnerable cuando crees que la vida se ha estancado. Igual es exigente mezclar puerperio y aprendizaje intensivo en una de las escuelas más prestigiosas del mundo, pero siempre he seguido mi instinto y sabía que para mejorar la autoestima primero hay que pasar por una fase de vulnerabilidad y miedo, saliendo de nuestra zona de confort.

El chef nos iba preguntando qué nos había llevado allí. «Soy el jefe de cocina del parador de Burgos y quiero mejorar la parte de pastelería», respondía uno. «Yo llevo años como responsable de repostería de un restaurante y quería un título para acreditarlo», respondía otro. Cuando me llegó el turno, recuerdo que sonreí muchísimo, como hago cuando estoy muerta de miedo, y respondí con humor, que es mi escudo, porque me temblaban las piernas; algo así como: «Me encantan los dulces y quiero aprender a hacerlos bien». ¿Cómo? Joder, Albita la rápida, ¿no se te ocurre nada mejor que decir? Como siempre, mi sinceridad me salvó, esa explicación inocente les debió de hacer gracia a mis compañeros, que fueron muy generosos conmigo durante todo el curso. Y es que, cuando eres humilde, es difícil que la gente vaya a por ti. Ser natural y reconocer tus debilidades te abre puertas.

Siempre salía de las últimas, pues hasta que no presentabas algo digno de ser vendido —en el hipotético caso de tener una cafetería o trabajar en un hotel—, debías repetirlo desde cero, y los profesores no tenían piedad. Cuánto lloraba yo en el baño, pensando: «¿Qué necesidad tengo yo de este sufrimiento, con la que me está cayendo en casa?».

Pero no me rendí, porque sabía que algún día me sentiría orgullosa de mí misma, y no hay mayor regalo que saber que, a pesar de tenerlo todo en contra, lo conseguiste.

No hay mayor regalo que saber que, a pesar de tenerlo todo en contra, lo conseguiste.

Llegó el día del examen, que consistía en preparar una tarta elegida al azar en una lista larguísima. Yo solo había faltado un día por un trabajo de modelo y la única tarta que no me sabía era la tartaleta de manzana. Iba tranquila, pues era prácticamente imposible que me tocara esa y las demás me las sabía muy bien.

Debajo de nuestro asiento, y al azar, se encontraban unos tarjetones con la tarta que debías preparar. Primero había que escribir los pasos y la realización en el examen teórico; luego, pasar al práctico. Me senté y cogí el tarjetón con la seguridad de la niña aplicada que era y... ¿Qué ponía ahí? ¡Exacto!, «Tartaleta de manzana». No puede ser. Parpadeé varias veces para ver si así cambiaba el nombre, pero no. ¿Cómo era posible que de entre todas me tocara la única que no me sabía? ¿Por qué narices no me senté en otra silla?

El azar es caprichoso y, aunque en ese momento pensé que tenía muy mala suerte, al final de la historia descubrirás que sucedió justo eso para que yo terminase sabiendo hacerlo todo. El examen fue terrible. Ni idea. Hice lo que pude preguntando por lo bajinis a mis compañeros, pero fatal. Suspendí, claro.

La buena noticia es que, si esto era un viernes, el lunes había recuperación para todos los suspensos de la misma tarta que nos había tocado en el examen. Así que compré dos cajones gigantes de manzanas Golden y me pasé el fin de semana entero pelando y cortando manzanas para lograr el corte perfecto que pedían en la escuela.

Recuerdo a Lucas en su hamaca, mirándome con simpatía. Él entonces no lo sabía, pero éramos un equipo, a pesar de que él solo sonriera. Con las manos llenas de cortes, estaba dando a mi hijo la primera gran lección de vida: si quieres algo, ve a por ello.

Si quieres algo, ve a por ello.

Recuerdo que me llamaron mis amigos para tomar algo. Era un sábado de junio y hacía solazo. Les dije que no podía porque me quedaban kilos de manzanas Golden por pelar. No pensaron que estaba loca porque me conocen, pero, desde luego, no era el plan de una chica de veinticinco años. Reconozco que, con mi moño y el cuchillo en la mano, pensé: «¿Qué coño hago yo aquí con un bebé y dos cajas de manzanas por pelar?».

El lunes bordé la tartaleta de manzana y aprobé. A la graduación vinieron mis padres, Fonsi y Lucas, vestido igual que yo. Era una declaración de intenciones: formábamos un equipo. Nosotros dos estuvimos solos y juntos frente a aquellas manzanas y ambos dábamos un paso al frente.

Siempre ha sido mi motor, la tecla de *start*, el paso que crees que ya no puedes dar pero sí que eres capaz, la imagen que te impulsa a conseguir algo. Ese es Lucas y esa era, en silencio y en secreto, la primera lección de vida que aprendíamos juntos.

No entiendo a la gente sin interés. Esas personas que no tienen ganas de aprender, de conocer, de mejorar. Yo siempre tengo libros pendientes de leer, cursos a los que apuntarme y disfrutar asistiendo, películas con las que gozar, viajes y lugares nuevos que descubrir, personas con quienes hablar, aficiones por inventar, recetas nuevas por probar... La vida es ponerse el traje de Magallanes cada día y descubrir, aventurarse, equivocarse, y llorar pelando, en vez de cebolla, manzanas.

UN
ACEITE ESENCIAL

Ylang-Ylang, que es afrodisiaco.
Favorece la feminidad y combate la
frustración sexual y el desasosiego.

12.
EL SEXO DE
LAS *mujeres*

«Para las mujeres, el mejor
afrodisiaco son las palabras.
El punto G está en los oídos, y
el que busque más abajo está
perdiendo el tiempo».

Isabel Allende

Adoro el sexo. Es una parte fundamental de nosotros mismos, y desde pequeños las pulsiones sexuales marcan nuestro comportamiento y nuestra vida. El placer conecta con la parte más primaria y animal del ser humano. De hecho, el sexo es el punto de partida de la vida misma.

No voy a relacionarlo todo con el sexo porque haría un análisis muy freudiano de la vida, pero sí que considero que la sexualidad es motor, condiciona y nutre muchas partes de nosotros. Luego, como seres humanos y animales pensantes, tenemos la capacidad de encontrar placer en la belleza de una escultura, una pinacoteca o una sinfonía, pero eso, para mi gusto, conecta con nuestra parte más intelectual y racional. La sensación de placer al rozarse con un peluche no requiere experiencia previa ni estudio, ni racionalización ni conocimiento.

Desde pequeña he tenido la suerte de recibir la información necesaria sobre el tema. Mis padres, siempre adaptándolo a la edad, me han hablado del sexo como un tema más de la vida, sin tabúes ni cortapisas. Así es como yo trato siempre estos temas con Lucas, desde la naturalidad y teniendo en cuenta sus etapas evolutivas y su mentalidad.

LIBRE Y SIN RODEOS

Cuando tenía unos seis años, y viendo que era una gran lectora y tenía una mente muy madura para mi edad, mis padres me compraron un libro de sexualidad para niños. Era el año 1992, fíjate si eran modernos. Conocí así el cuerpo humano y cómo se hacían los niños sin recurrir a ninguna pobre cigüeña ni mentar la capital gala. Por eso, cuando oía algún comentario sobre que los niños venían de París, miraba a mis padres con complicidad y soltaba alguna frase sobre la imposibilidad de que un pájaro vuele tantos kilómetros desde París a todo el mundo con tal peso en el pico. Mi ironía viene conmigo desde pequeña a todas partes.

Unas Navidades, en una película que veíamos en familia, una de las actrices le dijo al oído al protagonista algo así como: «Me ha llamado mucho la atención tu paquete». Mi prima preguntó qué era el paquete y mi tía le contestó que era lo que fumaba, el tabaco. ¿¿Qué?? Yo no entendí del todo qué significaba, pero no me parecía que por el contexto estuviera relacionado con fumar. Me sorprendían la desinformación y la manera de tratar con los niños este tema, que es algo vital y con lo que deberás lidiar a lo largo de la vida.

Un día, en sexto de primaria, llegué a casa y pregunté qué era una paja. Los niños de mi clase estaban con esa palabra en la boca todo el día y yo no entendía bien lo que significaba. Siempre que no he sabido algo lo he preguntado, en vez de poner cara de póquer y asentir, prefiero preguntar que quedarme con la duda sobre algo, y no me vale un conocimiento aproximado, quiero saber concreta y exhaustivamente sobre las cosas que desconozco. Mis padres, que advirtieron muy pronto que no me valía cualquier explicación, estaban acostumbrados a no darme respuestas someras. Me explicaron sin morbo pero con información precisa lo que era. Como no me quedaron muy claros el asunto del pellejo que se echaba para atrás y soltaba esperma ni el hecho de que podía hacerse por placer solamente o por placer y procreación conjuntamente, me tuvieron que hacer un dibujo. No volví a preguntarlo, lo entendí y ya nunca volví a poner cara de desconocimiento absoluto cuando hablaban de ello en el cole.

Así que, en mi vida, nunca he estado desinformada y a mis padres nunca les ha dado miedo hablar de sexo y placer conmigo, tampoco sobre cualquier otro tema.

Con unos once años, cogí un libro de la biblioteca de mi tía María Delia. Sus libros siempre me han maravillado y su cultura e intelectualidad —entre otras cosas— la hacen una mujer muy atractiva. El libro que me llamó la atención fue *Como agua para chocolate*. Yo, que de siempre he sido muy fan del realismo mágico, me sumergí en la lectura sin respirar. Me molestaba, como siempre que me atrapa un libro, incluso que me llamaran para ir a comer. Mi tía, al ver lo que andaba leyendo, se lo contó a mi madre porque se trata de un libro profundamente sensual y sexual. Yo creo que fue la primera vez que me puse cachonda siendo consciente de que esa excitación venía de un estímulo exterior.

Mi madre dijo que no había edad para la lectura y que dependía del grado de madurez y de las necesidades del lector. Yo terminé ese libro que me llevo al éxtasis sexual y literario y entendí la sensación que te deja el orgasmo, porque fue una delicia de libro que generó en mí sensaciones corporales. Sentí el dulce palpitar de mis genitales y la dureza de los pezones, que pedían más de esa historia afrodisiaca.

GUSTARSE PARA GUSTAR

Desde los doce años tengo cuerpo de mujer. A esa edad abandoné el cuerpo infantil, empecé a ovular, me creció un pecho muy opulento, se me desarrollaron las caderas y empecé a sentir la belleza de mi cuerpo de mujer.

Siempre me ha gustado mi cuerpo voluptuoso y las sensaciones que me ha producido el placer en él. Siempre me he sentido profundamente atractiva y eso viene de dentro, es una percepción personal. Me siento sexy, me gusta mi cuerpo, moverlo, y tengo una manera innata de crear deseo. Me gusta gustar, de siempre.

Me encanta gustar y la sensación que eso produce en mí. Me crea placer activar mecanismos y ganas en el sexo opuesto —que, en mi caso, es el que me gusta— y sentirme deseada me produce deseo y placer. Puedo apreciar y me encanta ver la belleza del cuerpo femenino, pero por mucho que lo intente, no me termina de excitar como me excita un hombre.

No podría vivir sin sentirme deseada, ni por mí misma ni por los demás. Debo reconocer que es mi gasolina y me pone. Soy muy sensual y sexual. Conozco mi cuerpo y reconozco lo que me gusta y lo que quiero, algo fundamental.

El asunto de la erótica sería objeto de extenso debate. A mí me ponen cosas como el movimiento de las manos, la seguridad en uno mismo, una bonita sonrisa, me gustan los hombres atractivos, no necesariamente los guapos perfectos. De hecho, he quedado con hombres hechos a medida, modelos, y algunos eran tan sosos o tan poco atractivos que me han suscitado cero interés sexual.

Para gustar, hay que gustarse; y yo, cuando gusto, es porque previamente me estoy encantando a mí misma. Me gusto, señores, y eso me excita. No me gusto desde la egolatría, es que estoy feliz en mi cuerpo y me pone mi mente, y eso me hace pensar que si fuera un hombre me gustaría estar con alguien como yo. Nos da pudor alabarnos, cuando es algo maravilloso. Yo me quiero y me gustarse. Yo me quiero y me gusto.

Para gustar, hay que gustarse. Yo me quiero y me gusto.

HAY QUE HACERLO DIVERTIDO

Al principio de empezar a practicarlo es más emocionante, romántico o pueril, pero un desastre. Resulta muy difícil ir acompasados y muchas veces los principiantes parecen chihuahuas con calambrazos. Con el tiempo, como todo, mejoras, no te importa tanto el físico, dejas a un lado los complejos y valoras más la experiencia y las ganas. Ya sabes lo que te gusta y cómo hacer que el otro disfrute, por lo que te abandonas al placer en cuerpo y alma.

Aprender cómo funciona tu cuerpo y lo que te gusta es fundamental; no tener miedo a expresarlo y pedirlo, también. Es inconcebible, a día de hoy, que después de tener sexo no queden satisfechos todos los implicados. Yo reconozco haber fingido alguna vez por aburrimiento y por ganas de acabar o haber puesto el *check* de «Hecho porque tocaba» estando en pareja, y reconozco que el mejor sexo no lo he tenido en pareja. En pareja me acabo aburriendo. Suerte de los que saben reinventarse. Nunca me ha sucedido. Llega un momento en el que es sota, caballo y rey, y follar con calcetines y demás baja la libido aunque no quieras. Está todo descubierto y se convierte en un trámite, qué pena.

Siempre he tenido mejor sexo en relaciones prohibidas, al caer por fin en una tentación, con hombres que no eran mi pareja estable o al inicio de una relación. El morbo de lo prohibido cuenta siempre un punto a favor. Encontrarse en secreto, a horas intempestivas y con el tiempo justo da mucho morbo. Planear demasiado el sexo rompe toda la magia. No hay nada que me cause más bajón que las típicas noches de aniversario o de San Valentín en las que todo está planeado para que la noche acabe con sexo. Mucho mejor se antojan la improvisación y el hecho de no tener medidas las cosas. Algunos de mis amigos se han visto presionados por las ganas de procrear y han practicado sexo porque lo marcaba la calculadora de la ovulación; esto mata el deseo.

Aprender cómo funciona tu cuerpo y lo que te gusta es fundamental.

Una de las cosas más divertidas es ir a comprar juguetes juntos en un *sex-shop* y volver a casa con el fuego encendido, deseando estrenarlos. Ya en la tienda, cuando el vendedor te va contando cómo usar tal cosa o el placer que se siente con tal otra, se empieza a desatar cierto halo afrodisiaco semejante a los preliminares, un bien necesario para mejorar el sexo.

Yo soy muy fan de los juguetes sexuales tanto en pareja como para usar uno mismo. Con una pareja en concreto invertí mucho en juegos y me temo que ahora los estará utilizando con otra persona. Cada vez que los veo en la tele pienso que tienen mi juego de preguntas sexuales y de prueba o prenda que tanto me gustaba, eso sí que no se lo perdono.

Los juegos cuentan, aunque está claro que el *partner* es fundamental: las estrellitas de mar, que se tumban con brazos y piernas abiertos y ahí me las den todas, o los de la sombra de Peter Pan, parados de pie con las piernas abiertas y los brazos en jarras no se me figuran como las parejas más recomendables para un rato de disfrute.

Si mientras practicas sexo no te olvidas de todo hasta que se te estiran los dedos de los pies y las piernas porque has llegado al orgasmo, significa que aún puedes tener sexo del bueno. No te lo pierdas.

Disfruta de tu cuerpo y del de la otra persona sin miedo y sin vergüenza o pudor. Déjate llevar. El sexo, siempre que sea consentido por ambas partes y las reglas estén consensuadas por los dos, es un regalo del cielo. Hay que dejarse fluir, encontrar el gozo y no abandonarlo nunca.

DAR VIDA NO TE QUITA LA VIDA

¿Quieres que rompa un tabú? Pues sí, lo digo: el sexo estando embarazada es brutal. Me encantaban las siestas y el sexo. Estás más sensible y receptiva y disfrutas de una manera muy especial. Parece que sea una etapa prohibida en cuanto al sexo, a algunas personas les da miedo o pudor, pero se disfruta muchísimo. Además, estás guapísima y rebosante de placer. Recuerdo que me encontraba guapísima a mí misma, después de la ducha me daba aceite de almendras por todo el cuerpo para evitar las estrías —que, por cierto, no tengo ni una— y me ponía cachonda porque me encantaban mis curvas, mis redondeces. La sensualidad de una mujer embarazada es brutal. Eres la vida en todo su esplendor y el sexo también.

Si no lo has probado y puedes, aparca miedos absurdos y disfruta del sexo durante el embarazo, es una maravilla. ¡Ya me contarás!

El embarazo, la crianza y la maternidad entendida de la manera más amplia posible no conllevan el final de la vida sexual, ni de la diversión ni de tu disfrute como mujer. Observo con incredulidad cómo algunas mujeres se abandonan totalmente después de ser madres, física, emocional y personalmente.

La sensualidad de una mujer embarazada es brutal. Eres la vida en todo su esplendor.

El posparto no fue nada fácil, aunque reconozco que, después de casi doce años, lo siento muy lejano y libre de traumas. Ciertamente, es la única vez en la que te dan un regalo al final de un proceso médico, pero el regalo se mueve, come y se hace caca. Al principio es muy cansado, yo vivía en la dicotomía de no reconocer mi cuerpo y echar de menos mi panza de embarazada. El día que nació Lucas, cuando nos quedamos los tres solos, levanté la sábana que me cubría el cuerpo, subí el camisón y aluciné con el pellejo en que se había convertido mi tripa. Me parecía imposible que eso volviera a estar pegado a mi cuerpo. Tranquila, amiga, todo vuelve a estar, si no igual, parecido.

El peor recuerdo que conservo del puerperio es la primera vez que tuve que defecar. Aunque solo me habían dado un punto, notaba como si salieran cristales de mi cuerpo. Recuerdo que se me saltaban las lágrimas, agarrada literalmente al váter; puedes deducir que me pasé un tiempo añorando el sexo maravilloso del embarazo, aunque, la verdad, en ese momento tampoco es lo que más apetece.

Debido al estrés que sufrí las primeras semanas de vida de mi niño, adelgacé muchísimo, también era muy joven. Había días en los que, aun siendo muy feliz con el bebé, pensaba que mis amigos estarían pasándolo bien mientras yo daba biberones y me cuestionaba si me había precipitado.

Reconozco que he pasado días muy malos, sobre todo cuando Lucas era pequeño y se me hacían interminables porque dependía de mí para todo mientras que yo necesitaba encontrar mi espacio personal. Si trabajar me generaba sentimiento de culpa, quedar con amigos y divertirme me hacía sentir un ser humano terrible. Pero luché contra ese sentimiento tan dañino y distorsionador que te persigue mientras son bebés. Luego, según van convirtiéndose en personas independientes y construyendo sus vínculos y amistades, te das cuenta de que has perdido mucho tiempo sintiéndote mal por cosas que no lo merecían.

La maternidad me enfrentó al miedo desde que empecé a soñar con él. Me convirtió en el ser humano más fuerte, poderoso y vulnerable a un mismo tiempo. Todo me daba miedo, pensaba constantemente en que era muy pequeño y cualquier cosa podía tener un desenlace fatal. Lucas se atragantaba cada vez que comía y yo me sumía en un verdadero sufrimiento al darle el biberón. Cuando sabía que se acercaba la hora, me entraban sudores fríos y ansiedad. Al año dejó de ocurrir, pero recuerdo un día que, en una toma, tuve un susto y corrí al hospital a buscar a una matrona para darle de comer. Vivía con miedo cada cosa que hacía con él. Era joven e inexperta, me sentía vulnerable como nunca.

Los cinco primeros años se me hicieron duros; el primero, eterno, y de los cinco hasta ahora no sé en qué momento se han sucedido a la velocidad del rayo. Con todo lo bueno y lo malo, siempre he procurado no olvidarme de mí misma y que mis placeres no cayeran en un segundo, tercer o cuarto plano.

LAS MADRES TAMBIÉN FOLLAMOS

Como todas las madres, siempre he tratado de hacer las cosas lo mejor posible. Con dudas, inseguridades y, por supuesto, con millones de errores. Pero siempre he intentado no abandonarme a mí misma. La maternidad no puede convertirse en una condena, no debemos dejar que eso ocurra. No tenemos la obligación de ser madres perfectas. Es más, creo que los hijos deben vernos fallar y equivocarnos y también acertar, ser felices y disfrutar. Eso los hace sentirse tan humanos como nosotros. Nos equivocamos y surgen conversaciones que, además de unirnos emocionalmente a ellos, nos llevan a la reflexión y a evolucionar juntos e individualmente.

La maternidad no puede convertirse en una condena.

La perfección, además de aburridísima, es irreal. He visto a niños sufrir la presión de la perfección de sus padres y la frustración personal de no serlo ellos. Muchas veces he escuchado a padres que sacaban malas notas en el colegio dando lecciones a sus hijos mientras edulcoraban un pasado que jamás fue así. No somos perfectos en ninguna de nuestras facetas y eso da pie a la maravillosa capacidad de evolucionar y mejorar. La rigidez de pensamientos solo lleva al desasosiego. Es más honesto reconocer lo que no hicimos bien, no vendamos a nuestros hijos una imagen perfecta de nosotros mismos que nos aleja de ellos. Esta reflexión vale para todas, pero, si me lo permitís, especialmente para las madres solteras en particular, que acarreamos muchos estigmas.

Soy madre, pero también soy mujer, y estudiante y amiga e hija y trabajadora y un sinfín de cosas más. Mi hijo es mi prioridad y él lo sabe, pero si yo no estoy bien, no puedo ofrecerle nada de calidad.

Quiero que sepa que él es lo más importante para mí, pero no es lo único, igual que yo debo ser importante para él, pero no lo único. Siempre le he dicho que tiene que vivir, hacer planes, viajar, y que yo siempre estaré, pero no puede dejar de vivir por mí. Yo siempre voy a estar aquí para él, y él me recuerda que está aquí para mí, y desde muy pequeño así es, sabiendo que ninguno de los dos puede dejar de vivir por el otro.

Es más, se vive mucho más feliz sabiendo que tienes personas que te quieren y a las que quieres, pero no debes vivir como si fuerais una sola. Eso acaba creando un monstruo de dos cabezas. La libertad es esencial para amar. La libertad propia y la ajena. Si amas a alguien sin el deseo de que sea libre, no amas en absoluto.

Debemos explicarles a nuestros hijos y al mundo que ser libres, como madres, no significa quererlos menos, al revés, significa quererlos mejor. Desde pequeña, y como algo innegociable, he hecho de mi vida personal lo que me ha dado la gana. Mi hijo siempre ha entendido que su padre y yo tenemos el mismo derecho a buscar el amor o la diversión y que son parcelas que todo ser humano debe cubrir sin posibilidad de crítica u opinión. Por ir a un concierto, besarte o amar a quien tú quieras no eres ni peor ni —¡ojo!— mejor madre. Mi papel de madre está perfectamente cubierto y mi vida personal y sexual son parcelas que, por supuesto, no tengo que consensuar con mi hijo ni con nadie.

La libertad es esencial para amar. La libertad propia y la ajena.

No quiero que mi hijo crezca con la sensación de que las mujeres deben resignarse a ser madres. Cuando él tenga hijos, si es que quiere, espero que sea responsable con ellos y no abandone su vida personal y emocional, pues la vida va más allá de convertirse en padre o madre. Y escribo esto desde el convencimiento absoluto de que Lucas es lo mejor que me ha sucedido en la vida, pero no es lo único. Me encanta salir a comer con los amigos y hablar de tonterías y de cosas serias, disfruto cuando tengo una cita con alguien que me gusta, amo los momentos de lectura y de estudio en soledad y muchas otras cosas que me hacen ser quien soy y sin las que no me sentiría completa.

Me encanta cuando he quedado con un chico y al bajar vestida mi hijo me dice: «Mamá, estás guapísima». Me gusta cuando sonríe porque sabe que estoy conociendo a alguien que me hace feliz y cuando me pregunta qué tal lo pasé en el concierto del día anterior con mis amigos, los conoce a todos. Le ocurre lo mismo con su padre. Y ahora, que es preadolescente, me sucede a mí lo mismo con él. Disfruto de conversaciones sobre quién le gusta, me cuenta sus meriendas con amigos en el búrguer y anécdotas de momentos felices sin mí. Y pasará en su momento con el sexo; debe disfrutar, tal como debemos hacerlo todos.

Si tienes la suerte de seguir con el padre de tus hijos, disfrútalo; pero si no es así, no te cierres ni al amor ni al sexo por el hecho de ser madre. O si has decidido ser madre sola o eres viuda, no te olvides del amor ni del sexo. Madres solteras, casadas, viudas, jóvenes, mayores o como seáis, debemos tener sexo, amar, disfrutar y vivir sin culpa. Es el mejor ejemplo para nuestros hijos. La resignación nunca es un buen ejemplo.

> Madres solteras, casadas, viudas, jóvenes, mayores o como seáis, debemos tener sexo, amar, disfrutar y vivir sin culpa.

Debemos reivindicar nuestras parcelas personales e innegociables. Nuestros momentos para nosotras sin culpa: echarnos cremas, ir a la peluquería, leer, y eso también incluye, por supuesto, masturbarnos y tener sexo con otras personas. Así mostraremos a nuestros hijos cómo vivir sin culpa y que su autocuidado físico y emocional son innegociables.

Todas las personas necesitamos sentirnos atractivas, necesitamos tener relaciones sexuales, necesitamos explorar nuestro gozo y aprender y mejorar sexualmente. Nada ni nadie puede hacernos sentir culpables por ello.

Hay personas con carreras profesionales meteóricas y muy novatas en el sexo, personas muy curtidas en el sexo pero absolutamente perdidas en el amor; y así, en todas las facetas, puesto que nadie evoluciona al mismo ritmo en todas las áreas de la vida. Todas deben ser disfrutadas, trabajadas y merecen dedicación para que el resto esté en equilibrio. No puedes ser muy feliz, aunque te empeñes en mostrarlo, si solo estás centrada en la maternidad —además tiene efectos negativos en tus hijos—, nadie es plenamente feliz si solo se rodea de sus amigos, nadie es absolutamente feliz si no mantiene relaciones sexuales, nadie es cien por cien feliz si no investiga, aprende, descubre, estudia... No podemos perdernos el resto de las experiencias de una vida porque tengamos una faceta cubierta.

PERMISO PARA DISFRUTAR

Los hijos deben saber: mi madre —o mi padre— está viva, significa que ama, lee, busca, tiene amigos, un trabajo, intereses, es sexualmente activa, se siente atractiva y atrae. De lo contrario, podemos decir que tus padres —o uno de ambos—están muy dedicados a ti pero que están muertos por dentro. No tienen vida, aunque respiren.

La gran pregunta que nos hemos hecho todos siempre: «¿Mis padres tendrán sexo todavía?». Pues ojalá que sí. Y nuestros hijos, cuando llegue el momento, y desde la libertad y la información, también. ¿Por qué entonces deberíamos privarnos nosotras de la oportunidad de disfrutar y sentir? Eso es morir en vida.

Cuando Lucas tenía nueve o diez años, cada vez que veíamos pelis juntos y aparecía una escena de amor o había un beso, él se tapaba los ojos y enrojecía de vergüenza. Yo siempre le he dicho lo mismo: «Mira, quieren hacerlo los dos, no hay nada malo, no debe darte vergüenza el amor». Sometemos a nuestros hijos a escenas de violencia en la televisión, en telediarios y películas, las compartimos con ellos, ambos impertérritos, mientras que nos avergonzamos y sentimos cierto pudor al ver escenas de amor o eróticas, como si fueran algo malo o vergonzoso. Además, ese tipo de escenas pueden dar lugar a muchas conversaciones necesarias, vamos, a la educación sexual. Siempre, claro está, teniendo en cuenta el nivel de madurez y la edad del niño.

> ¿Por qué entonces deberíamos privarnos nosotras de la oportunidad de disfrutar y sentir? Eso es morir en vida.

Vivimos en una sociedad con una moral cuestionable en la que cambiamos de canal ante la escena de un beso, pero exponemos a nuestros hijos a la tecnología y sin cortapisas. No les permitimos ver un beso, pero les dejamos acceso ilimitado a internet para que vean porno y obtengan una visión del sexo absolutamente irreal y dañina que va a comprometer para siempre sus relaciones sexuales y las de sus parejas. Nos da miedo enfrentar sus dudas, pero accedemos a que se las despejen de una manera violenta y ficticia en la red o con sus iguales o pares, que tienen tanta idea como ellos: ninguna. ¿Por qué nos sigue dando pudor hablar de sexo, cuando es algo normal?

Nos educamos cada vez más en la alimentación y nutrición, aprendemos hábitos de descanso y sueño, pero algo tan biológico y esencial como el sexo todavía lo tenemos apartado de las conversaciones con los más pequeños. Su interés por el sexo existirá a pesar de que no hablemos de ello; meter la cabeza debajo de la tierra a modo de avestruz no frenará su deseo de descubrir y sentir. Tratémoslo con normalidad y sin morbo, aboguemos por una buena educación sexual explicándoles, también, que lo que se ve en el porno no es un reflejo de la realidad sexual. Démosles herramientas y no armas ilusorias ante algo tan importante como la sexualidad.

Recuerda tus dudas, tus miedos, tus inseguridades ante el asunto cuando eras pequeño, sé su guía, eres su madre o su padre y, como en todo, debes hablarles desde la verdad. Tampoco vale tirarse el rollo, contar gestas épicas ni venderles películas. No necesitan que les demostremos nuestra habilidad sexual, son nuestros hijos, no nuestros colegas.

Siempre le he preguntado a mi hijo si había algún chico o chica que le gustara, siempre me ha hablado de chicas; un verano me dijo que traería a una niña para que le pintara las uñas. Era su manera de cortejo y me pareció supertierno. Le dijo que su madre tenía muchos pintaúñas de colores y la invitó emocionado. Intenté tratarla lo mejor que supe, no solo porque era una niña y la conocía, no solo porque era un encanto y esta es mi manera de ser, sino porque para mi hijo era importante. Cuando se fue, mi hijo me dio las gracias y sentí que habíamos estrechado más nuestro vínculo de confianza.

Él sabe que yo lo apoyaré en todas las facetas de su vida, y él me apoya a mí en todas también. Eso se trabaja desde las raíces, su felicidad me hace feliz, y la felicidad de una madre y un hijo no se basa únicamente en el vínculo entre ellos, cuenta también la vida satisfactoria que cada uno vive por separado.

UN
ACEITE ESENCIAL

Mirra, que conecta con el alma
profunda.

12+1.
FIEL A MÍ
misma

«Y, sobre todo,
sé fiel a ti mismo;
pues de ello se sigue,
como el día a la noche,
que no podrás ser falso
con nadie».

Shakesperare

Los padres siempre dudamos sobre si lo que les solemos decir a nuestros hijos les cala y les sirve. Cierto día, yo estaba un poco triste por mentiras que se estaban diciendo de mí y Lucas me dijo: «Mamá, tú sabes que el sol es amarillo y no puedes dudar de ello, aunque los demás te digan otra cosa».

Me quedé estupefacta, eso se lo había dicho yo hacía unas semanas ante un disgusto que había tenido en el colegio: «Lucas, aunque te dijera todo el mundo que el sol no es amarillo, tú debes tener claro que sí lo es y ser fiel a ello». Creo que en ese momento lloré, pero esta vez de orgullo. Le debió de dejar un poso, porque se lo aplicó y ahora me regalaba mi propio consejo. Es precioso tener un hijo que te haga escucharte a ti misma cuando estás tan triste que no te oyes por dentro.

SOLO SI ERES LIBRE TIENE SENTIDO

Soy consciente de que vivo a mi manera, se debe a que me parece inconcebible vivir conforme a lo que quieren otros. Las personas te pueden inspirar, asesorar, dar su opinión, pero tienes que ser absolutamente leal a tus necesidades, a tu instinto, a tu deseo, porque todo eso conforma lo que eres tú. Al final, eres tú la persona con quien tienes que convivir veinticuatro horas al día siete días a la semana a lo largo de toda la vida, ¿no es motivo suficiente para establecer una buena relación contigo mismo?

Admito que en algún punto de mi vida lo desconocía, pero hace mucho que se convirtió en mi manera de vivir. Hubo un tiempo en que me dejaba influir por los pensamientos y opiniones de los otros en demasía, aunque al final siempre me sale mi vena subversiva y no puedo amoldarme a estándares ajenos por mucho tiempo.

Con la experiencia aprendí que mi mejor compañía era yo misma, y qué gran compañía, menudo regalo. No quiero hacer cosas que agraden a los demás si con ello me condeno profundamente al desasosiego. Claro que soy capaz de llegar a un punto medio, pero no negocio con mi paz interior.

Cuando ha hecho falta he levantado la voz, he tomado decisiones y he ido a contracorriente, aunque doliera, pero nunca en contra de mis sensaciones más profundas. La libertad ha sido mi impulso; mi mayor miedo, perderme a mí misma. Siempre he procurado escucharme, el corazón y el estómago nos hablan y nos mandan señales para alejarnos de nuestros deseos y sueños o acercarnos a ellos.

> La libertad ha sido mi impulso;
> mi mayor miedo,
> perderme a mí misma.

Tengo claro qué es lo que quiero y cuál es mi motor y no dejo, ni dejaré, de perseguir mis ideales y deseos.

NO NECESITAS A NADIE PARA CUMPLIR TUS SUEÑOS

Si algo tenía claro en la vida era que quería ser madre. Desde muy joven tomé conciencia de ello. Igual que hay personas que no quieren serlo y nunca desarrollan ese instinto, yo siempre deseé ser mamá. No jugué mucho con muñecas porque me parecían un objeto de plástico inanimado, yo lo que amo es la interacción.

Tengo muy desarrollada la necesidad de cuidar y amar; sin duda, creo que eso ha sido clave en las relaciones con algunos hombres de mi vida. Siempre supe que no tardaría mucho en ser madre y lo anhelaba. No me equivocaba, es el sentimiento más increíble que he experimentado jamás, a pesar de que a veces resulte terriblemente difícil. Se pasa mucho miedo, acechan las dudas y la incertidumbre, el sentimiento de culpa acompaña a menudo en el camino.

Siempre quise tener más hijos, pero las circunstancias no lo favorecieron. Después de Lucas, nunca más, con ninguna de mis exparejas. De los veinte a los treinta, la vida transcurre en todo su esplendor, parece que el tiempo sea infinito y aún no atenaza el temor a hacerse mayor y al paso del tiempo, parece que vayas a preservar la juventud. A partir de los treinta, el tiempo, siempre caprichoso, empieza a correr más raudo que hasta la fecha, te surgen preguntas y afloran deseos que no habías contemplado antes, y por una cuestión puramente biológica, es más acentuado en el caso de la reproducción femenina.

DECIDIR Y LANZARSE

Un buen día, me encontré con treinta y cuatro años y la necesidad de volver a ser madre, que golpeaba cada vez con más fuerza a mi puerta. En ese momento tenía pareja, pero el compromiso de futuro era poco nítido y las conversaciones acerca de una posible paternidad se tornaban incómodas y poco fluidas. Ante su negativa y mi insistencia cada vez más pertinaz, empecé a abrazar la idea de volver a ser madre en solitario. La idea de que el amor de pareja y la maternidad debieran ir unidas fue perdiendo fuerza en mi mente, hasta que se desdibujó por completo la idea de renunciar a un deseo que salía de lo más recóndito de mis entrañas.

En la revisión anual rutinaria de los treinta y cuatro hablé con la ginecóloga sobre la idea de congelar mis óvulos. Había leído que lo mejor era hacerlo antes de los treinta y cinco. Siempre he pensado que más vale ser previsor y contar con todas las posibilidades ante una situación, así que decidí someterme al proceso para congelar. En las dos primeras visitas con el ginecólogo que se encargaría del proceso le expuse todas mis preguntas, las dudas y mis sentimientos. Él siempre hizo mucho hincapié en que yo ya era madre; no debía perderlo de vista ni obsesionarme con la idea de una nueva maternidad. Lo hice todo sola y convencida, a pesar de estar en pareja, pues lo tenía muy claro. Tras analizar mi reserva ovárica —que no es muy alta— y hacerme una ecografía, empecé el primer ciclo para extraer los óvulos. No sé si empleo las palabras correctas, pero quiero ser lo más cercana posible y transmitiros mis emociones, más que los tecnicismos exactos del proceso.

Recuerdo que el ginecólogo me explicó con mucha delicadeza cómo había que cogerse el pellizco desde el ombligo para pincharse con un boli las inyecciones necesarias en el proceso; me mandó una receta con lo que debía inyectarme, los días y las horas. Me dirigí ilusionada y decidida a la farmacia y compré las inyecciones, que eran muy caras. La tarde que debía empezar, entré con mucho calor al lavabo de cortesía de casa, seguí los pasos indicados por el médico con precisión de cirujano y todo resultó más fácil de lo imaginado. Me pareció sencillo, aunque he de reconocer que en algún momento me sentí sola y deseé haber compartido el proceso.

Otras veces disfrutaba del ritual en solitario que respondía a mis deseos y no sentía la necesidad de compartir.

Un día de los aproximadamente diez que debía pincharme, se lo conté a mi pareja de entonces. Lo hice con naturalidad. Lo recibió con el interés justo y no lo volví a hacer muy partícipe. También se lo conté a mi madre. A ella le pareció una excelente idea tener esa opción y llevarla a cabo.

En la segunda ecografía, el médico me dijo que los óvulos ya estaban listos para la extracción. Me dio las indicaciones necesarias a tener en cuenta para el día indicado y allí me presenté temprano, con mi madre y mi pareja, ya que después de la sedación no debía conducir. Fue un proceso sencillo en el que no sentí dolor ni miedo en ningún momento. Lo que sí sentí antes de dormirme fue un gran orgullo por mí misma. Porque mi determinación me había llevado hasta allí y ahora abría las posibilidades a una futura maternidad sin la presión del tiempo jugando en mi contra. Al terminar, estaba un poco adormilada y me fui despertando mientras desayunaba en la cafetería.

Por la tarde me llamarían del laboratorio para decirme cuántos óvulos se habían extraído y cuántos habían podido congelar. Con anterioridad me habían explicado de manera muy gráfica que eran como nueces y que cabía la posibilidad de que no contuvieran nada, habría que esperar a extraerlos para ver cuántos eran aptos para el proceso de vitrificación. Por la tarde, y después de una siesta reparadora, recibí la llamada del laboratorio. Tenía muchas ganas de contestar y saber, al tiempo que sentía un miedo enorme ante la posibilidad de que el intento hubiera sido fallido. Finalmente me comunicaron que habían extraído cinco óvulos y se habían podido congelar todos. Me sentí inmensamente feliz, conservaba una caja llena de llaves maestras en el laboratorio del hospital. Dejé de temer al reloj biológico y me alié con él. Ahora tengo la opción guardada para el futuro, y es que… elegir es ser libre.

Tengo la opción guardada para el futuro, y es que… elegir es ser libre.

Por la noche me fui a trabajar en *La isla de las tentaciones* y al día siguiente volví a ver al ginecólogo. Decidimos iniciar otro ciclo, pues me lo podía permitir en aquel momento y me pareció la mejor forma de utilizar mi dinero. En el segundo proceso solo lograron extraer y congelar dos óvulos más y ya decidimos finalizarlo.

Tengo siete óvulos, como siete enanitos tenía Blancanieves, como siete días tiene la semana, las siete edades de una vida de Shakespeare en *Como gustéis*. Siete. Al finalizar el proceso me relajé mucho. Sentí que disponía de un seguro que podía usar, una anilla de la que tirar, una mascarilla de oxígeno en un vuelo con turbulencias. Un salvoconducto. Mi miedo por cumplir años sin volver a scr mamá se disipó tan rápido como aumentó el orgullo hacia mí misma por mi determinación. Por no haberme achantado ante las dudas y el miedo y, mejor aún, por no haber confiado mi futuro y mis ganas a comentarios ajenos. Me sentí feliz de haber tomado una buena decisión y haberla llevado a cabo.

Veo muchas mujeres que cargan literalmente con hombres que no les complacen, solo para hacer realidad su deseo de ser madres. No, señora, tú puedes ser madre sola y encontrar el amor en alguien a quien realmente quieras. El amor es algo suficientemente serio como para no supeditarlo a la maternidad, y viceversa. Forzarse a encontrar un hombre a toda costa para devenir madre entraña un pensamiento caduco y dañino. Yo puedo ser madre sola, porque la maternidad y el amor son cosas distintas. Y pueden ir juntas o por separado.

No dejes que nada, ni tú mismo, te impida conseguir lo que mereces y deseas. Lucha tus posibilidades y modifica las circunstancias. Atrévete o muere poco a poco…

No dejes que nada, ni tú mismo, te impida conseguir lo que mereces y deseas

LUCAS, MI HOMBRE PERFECTO PARA SIEMPRE

Creo —y lo hablo con mis amigas— que la vida te manda en forma de hijo aquello que necesitas mejorar o practicar. Yo siempre fui muy impaciente y ansiosa, lo quería todo para ayer. Mi hijo es pura energía, porque la vida quiere que entrene la paciencia y me vuelva mejor persona. Piensa qué cualidad o diferencia tiene tu hijo y verás qué debes trabajar. Estamos aquí para evolucionar y mejorar, si no… apaga y nos vamos a negro.

Estamos aquí para evolucionar y mejorar.

Un hijo te hace disfrutar de aquello que jamás disfrutarías, y el mero hecho de que él sonría ya es valioso. Yo, por ejemplo, jamás habría visto tantos partidos de fútbol, pero por mi hijo lo hago. Hablo de la liga y me sé todos los fichajes, paso un frío tremendo en invierno viendo sus partidos, conozco todos los modelos de zapatillas que son tendencia y cuáles son los vídeos que ven con gusto los chicos de su edad, llevo en el coche su playlist, aunque a veces preferiría caminar sin bebida y deshidratada por el desierto que viajar acompañada de esas canciones. Y lo más increíble de todo es que me encanta y lo hago sin esfuerzo porque es importante para él.

Hay padres de adolescentes que se lamentan: «No entiendo nada de lo que me dice mi hijo. Vivimos en mundos paralelos. Quiero saber cómo está, pero no me cuenta nada». Yo siempre he sentido la responsabilidad de construir con él un idioma que pueda unirnos ahora y en todo momento. Y ese idioma, que es un puente de comunicación único entre él y yo, se construye a base de mostrar interés por sus intereses, por sus gustos, y también compartiendo con él mis locuras y preocupaciones. Con lo que me gusta charlar a mí, yo quiero tener de qué hablar con él toda la vida.

Amo el sentimiento de orgullo que me despierta mi hijo, y me encanta cuando verbaliza que siente orgullo de mí, cuando me pregunta cómo estoy o cómo avanzan mis proyectos y si me siento bien. Los niños son esponjas, si me lo pregunta es porque me ha visto toda la vida preocuparme por cómo se sentía. Nunca le he mentido —aunque le hablo conforme a su edad—, si estoy triste lo reconozco ante él y si me siento feliz lo comparto también, porque no podemos crecer creyendo que sentir es algo malo y que debemos reprimir las emociones.

Lucas, cariño. Siempre he dicho que como no encontraba al hombre perfecto lo tuve que crear. ¡Has sido, eres y serás lo más bonito que la vida me ha dado, y me ha dado muchas cosas maravillosas!

Entrégate a la vida. Aunque me guste la filosofía budista, no es seguro que exista la reencarnación; a pesar de que en casa seamos cristianos, no tenemos constancia de que vayamos al cielo. Vive con agradecimiento este pedazo de tiempo que se nos ha regalado con la vida.

Agradezco que, de entre los miles de años que lleva el hombre en la tierra y los que le quedan, aunque el ser humano esté empeñado en cargársela con el cambio climático, me haya tocado vivir esta vida contigo.

Prométeme que te entregarás a la vida, que amarás, a pesar de que deje cicatrices, que pondrás el alma y te comprometerás con cada sueño, que viajarás, olerás los campos, comerás cosas ricas, descubrirás culturas nuevas, serás fiel a ti mismo, aunque te cueste… porque si haces todo esto, aunque yo ya no esté, me llevarás contigo.

Mi legado es claro: descubre, investiga, siente… en definitiva: ¡Vive! El tiempo, la suerte, la biología… nos han hecho ese regalo. Baila, aunque solo tú escuches la música. Vive.

Vive con agradecimiento este pedazo de tiempo que se nos ha regalado con la vida.

EPÍLOGO
MI PLAN
PARA LA VIDA:
aprender y disfrutar

Vivimos empeñados en seguir un plan, nos creamos ilusiones muy dañinas que nos someten. Hay personas que culturalmente se ciñen a un plan establecido y perpetuado generación tras generación; otras se sienten anudadas al yugo de lo que espera de ellas su familia; otros, a sus fantasías mentales y a su errático y recurrente: «Este era mi sueño desde pequeño y debo cumplirlo».

Claro que todos tenemos sueños, pero no nos pueden servir de losa, sino de impulso. No hay nada inamovible y los pensamientos y deseos pueden cambiar y no hay nada de malo en ello, al revés, se llama «evolución». Hay que dejar que la vida nos sorprenda. Está bien tener objetivos, pero no lastres que nos impidan modificar aquello que no nos convence.

Como os he contado, yo hacía ballet, pero quería dejarlo para leer. Después quería ser actriz, pero me acabé dando cuenta de que lo que me gustaba de verdad era escribir teatro. Quería ser publicista y trabajar en una agencia de publicidad y acabé siendo modelo y trabajé en publicidad, pero desde el otro lado. Trabajaba como modelo y buscaba una vida ejemplar, y acabé en prisión porque decidí estudiar Criminología. He trabajado en la tele y he participado en proyectos que nunca habría imaginado. No soy guionista, pero he escrito mis propias obras de teatro. Idealizaba la idea del amor y soñaba con amanecer cada día al lado del hombre perfecto, y me di cuenta de que lo tenía, lo había creado yo. Quería volver a ser madre y acabo de gestar el libro que tienes frente a ti.

Hay que dejar que la vida nos sorprenda.

He tenido mis salidas de tono, llantos o huidas que eran producto de dolores internos en proceso de curación o que estaban con la herida en carne viva. Con los dolores del alma hay que tener paciencia, no se curan rápidamente ni evolucionas de la mañana a la noche.

Parece que los personajes públicos siempre nos sentimos felices, que nuestra vida es luz y color, que lo tenemos todo más fácil y que estamos tocados con la varita de la dicha eterna de dientes blancos promocionada por una marca de dentífricos. Pero no, amigos míos, somos humanos. A veces —lo digo por experiencia propia—, cuanto más intentaba mostrar felicidad, más rota estaba.

Estamos acostumbrados a maquillarnos y salir a escena y es durísimo. Si te contratan para un *photocall* no puedes llegar llorosa y contando tus problemas, nadie quiere ver a alguien deprimido contando sus miserias.

Vivimos sometidos a la esclavitud de la perpetua sonrisa. Es terrible y enfermizo verse obligado a disociar y poner buena cara mientras por dentro estás hecha trizas. Lo importante —y lo que he aprendido de todos estos sucesos— es que he salido adelante y he mejorado y me ha servido. Todos somos más fuertes de lo que nos pensamos; tú, sin duda, también.

LO QUE HE APRENDIDO

Me he dado cuenta de que a veces estamos centrados en los hechos que nos suceden y no vemos las enseñanzas de los hechos en sí. Como si nos quedásemos mirando el papel que envuelve un regalo y nunca viéramos lo que hay dentro.

Al escribir el libro he ido desenvolviendo esos regalos y sacando esas enseñanzas. ¿Quieres que las comparta contigo? Aquí van:

1. Hay que luchar la vida y amarla, aunque a veces nos haya lastimado. Al principio hay que fingir ser feliz. Sí, obligarte a sonreír, a poner actitud y ganas, aunque no las tengas, entonces las cosas van llegando. Hay que levantarse con actitud y tener mala memoria. Intento fijar lo bueno repitiéndolo y haciéndolo grande y más luminoso en mi mente. Las cosas malas las dejo pasar sin que se me fijen en la mente, como cuando andas descalzo sobre la arena caliente para llegar al mar. Pasas rápido, saltando y sin apoyarte mucho. Así, con los pensamientos negativos: no los fijes, no los recuerdes, hazlos pequeños y en blanco y negro. Minimízalos.

2. Intenta sonreír a todo el mundo y verás lo que te devuelven.
Interésate por los demás, desfocaliza tus pensamientos de ti mismo. No solo saludes por cortesía, oblígate a hacer alguna pregunta cariñosa o cuenta algo con una sonrisa. Sé más generoso, habla con el portero, pregúntale a las personas sobre ellas, intenta aprenderte sus nombres. Muchas veces estamos tan ensimismados que engrandecemos nuestros problemas. Si salimos de nuestros problemas y ponemos el foco en otras personas, intentando conocerlas, nos daremos cuenta de que todos tenemos problemas y de que los nuestros no son más importantes que los de los demás. A veces, de tanto mirarnos el ombligo, nos desazonamos y pensamos que nuestros problemas y malestares son los peores, los más dolorosos y terribles, pero si abres la mente y te vuelves más generoso dedicando tu tiempo a los demás, verás que todos tenemos problemas y anhelos similares. No estás solo en tus sentimientos y no somos tan raros.

3. Date cada día pequeños placeres que te hagan feliz. No estoy hablando de grandes compras ni de deseos opulentos. Escucha en el coche la canción que te gusta, escribe un mensaje bonito a alguien que quieras y espera su respuesta, masajéate y abrázate en la ducha, cómete esa onza de chocolate que te apetece después de cenar, ponte un capítulo de tu serie favorita y entrena la capacidad de espera viendo solo uno al día, intercambia libros con los amigos y dedícale un rato al que tanto te apetecía, acurrúcate en el sofá con tu mascota y una mantita, disfruta del olor y la textura de las sábanas limpias, haz algo que te cueste —como el deporte— y ve mejorando poco a poco, ponte una mascarilla facial gustosa, sal a andar, enciende una vela, hazte caricias en los brazos, mastúrbate si te apetece… Hay mil cosas con las que darte pequeños mimos cada día.

4. La comunidad y la amistad son muy importantes. Son importantes las «caricias» emocionales. Endulza tu día y el de los demás. Que se note cuando llegas y si faltas. Mi mayor tesoro son mis amigos; la amistad es un sentimiento tan puro que me emociono al pensar en ellos. Yo siempre digo de broma que esta vida en «seco» es muy difícil de llevar. Siempre hay que empujarla con un vinito con amigas, un baileteo, unas risas. Cuando mejor lo estamos pasando mis amigos y yo siempre decimos: «¡Qué fiesta más aburrida, recojo mis bragas y me voy!». Porque si tienes que recoger las bragas, tan mal no lo estarás pasando.

5. Busca el contacto con la naturaleza. Es fundamental para reconectar cuando estás «perdido». Yo siempre me reencuentro con mi esencia en mi pueblo. Busca tus raíces y la naturaleza.

6. Medita. Reza una oración según tu religión, pinta si te gusta pintar, lee si eso te focaliza, canta o cualquier cosa que te guste hacer y deje volar tu creatividad. Así te conectas con tu parte más espiritual. El arte lo hace, te abstrae de lo demás y te aquieta la mente.

7. Tu cuerpo es un milagro. Cuídalo y ámalo tal como es, míralo con amabilidad y descubre toda la belleza y fortaleza que reside en él. Tu cuerpo es quien te lleva de aquí para allá a lo largo del camino que es la vida, es quien te da placer y conexión con el mundo, y comunica una parte de ti, que no todo.

8. No pierdas la energía en *vendettas*, odios o demostraciones a quien no lo merece. Tu energía es limitada, elige las batallas. Hay cosas que no son tu problema, no entres ahí. Te lo digo yo, que he sido especialista en librar batallas que me han supuesto un enorme desgaste emocional. Me arrepiento de haber perdido tanta energía en pensamientos y acciones que no la merecían, podría haberla invertido en cosas buenas para mí y los míos.

9. Haz caso de tu intuición. Mi madre y yo lo llamamos «pálpitos». Si el corazón, el estómago o las entrañas te mandan un mensaje, no lo desoigas, siempre aciertan. El inconsciente ve cosas que tú no ves: detalles, palabras, gestos, comunicación no verbal… Todo eso lo lee nuestro interior y lo transforma para mandarnos señales en forma de desagrado o fuerza. Haz caso de lo que diga el cuerpo.

10. Deja que la vida te sorprenda. Hay cosas maravillosas que no podemos ni imaginar que sucederán mientras nos empeñamos en controlar y manipular el devenir. Deja alguna vez que las cosas fluyan y confía.

11. No te vengas abajo en la adversidad. Como le digo yo a Lucas cuando pierde un partido, «La mayoría de las veces en la vida perdemos». Hay que aprender a perder y estar preparado, pero sin miedo y sin desesperanza. Siéntete feliz si las cosas salen como deseabas y celébralas, pero no te aflijas en exceso si no obtienes el resultado esperado.

12. No dejes que nada ni nadie te defina. Ni siquiera tú mismo. Eres más que un error, que un problema, que un físico, que una mente, que un sentimiento. Eres un conjunto de muchas cosas, y, potencialmente, muchas más. No dejes que nadie te limite y defina quién eres. Yo he cargado con la estigmatización de guapa y tonta, cazafamosos, conflictiva, superficial… He sufrido, sí, pero un tiempo limitado. No he dejado que eso me defina, porque esa no soy yo. No he dejado que los comentarios desinformados de los demás me desdibujen. No soy lo que tú quieres que sea, yo soy quien soy y lo que yo quiero ser. Y he seguido leyendo, disfrutando de la vida, cultivándome, pagando las facturas por mí misma, intentando parar las balas y siendo diplomática con cosas muy duras, y mostrando mi sensibilidad sin miedo y sin límites.

12+1. Tienes que lograr levantarte y decir: «Qué suerte ser yo». El regalo más sincero que me he hecho fue el permitirme a mí misma ser yo. No hay valor más grande que la autenticidad. Reconozco que viví un tiempo pendiente de lo que los demás esperaban de mí, de lo que debía proyectar, de lo que se podía decir, y reconozco también que fueron los años más difíciles de mi vida, pues no me reconocía. Hasta que me di cuenta de que no había otra opción salvo ser yo. Y cuando empecé a ser yo, sin miedo a lo que pensaran los demás, curiosamente empecé a gustarme mucho a mí misma y también al resto, pues es preferible que te equivoques siendo tú misma a que aciertes siendo alguien que no eres. Me di cuenta de que la gente valoraba lo genuino con sus imperfecciones. Porque, queridos, la perfección, además de imposible, es un absoluto aburrimiento.

AMA. CELEBRA. DISFRUTA

Di «Te quiero y estoy orgullosa de ti» a la gente que quieres. Yo se lo digo a mi hijo, pero también a mis padres. Les digo: «Estoy orgullosa de ti porque siempre hay cosas que se hacen bien y se mejoran independientemente de la edad». Parece que solo a la gente joven e inexperta se le puede decir que estás orgullosa; sin embargo, todos —da igual nuestra edad— saltamos obstáculos e intentamos mejorar cada día. Un padre que nunca hacía deporte y ha empezado a andar, una madre fumadora que lo ha dejado, un amigo aterrado ante una exposición en el trabajo que finalmente ha logrado superar, un vecino que teme las agujas y ha ido a una analítica sin miedo, un amigo que tiene pánico a volar y ha controlado sus nervios durante un viaje... Todo el mundo, independientemente de la edad, hace cosas que le suponen una conquista personal cada día, y es bueno que tengan a alguien que les diga: «Estoy orgulloso de ti».

Celebra, solo tú sabes lo que te ha costado conseguir las cosas, cuánto esfuerzo, cuántos miedos, anhelos, sueños, inseguridades han aparecido en el camino. Solo tú conoces la cantidad de veces que has querido flaquear y abandonar. No tienen que ser cosas importantes, pueden ser pequeñas conquistas del día a día. Solo nosotros mismos sabemos el esfuerzo y la alegría que nos ha producido cada paso en el camino. ¡Celebra tus logros! Que tu cabeza y tu cuerpo quieran volver a sentir esa sensación.

La monotonía y la madurez mal entendidas nos hacen perder la capacidad de emocionarnos con las cosas más ínfimas. Debemos entrenar la capacidad de impresionarnos y no dejar que el tedio lo envuelva todo. Hay que ir a un concierto como si fuera el primero al que asistimos, con nervios y ganas de vivirlo. Tenemos que quedar con amigos como cuando nuestros padres nos dejaban salir las primeras veces, otorgándonos una pequeña cuota de libertad. Tenemos que ir a los museos, viajar, comer, hacer el amor, reírnos, soñar, llorar… como si fuera la primera vez.

¡Celebra tus logros! Que tu cabeza y tu cuerpo quieran volver a sentir esa sensación.

Se dice: «Hazlo como si fuera la última vez que vas a hacerlo», pero no me gusta, esto conlleva desesperanza, tristeza, la melancolía del adiós y el «nunca más».

Prefiero animarte a que disfrutes la vida como si fuera la primera vez, con la esperanza de que quedan muchas más. No vivas sin ilusión, no merece la pena, inspírate en los niños que tengas cerca, y si no tienes, recuerda lo bonita que era la vida cuando todo eran primeras veces. Yo quiero vivir así, no como si fuera a morir mañana sino como si me quedara todo por vivir.

Ilusiónate y no pierdas la capacidad de sorprenderte, como lo hacen los niños. Puedes ver la vida con ojos de abeja, que ven la miel, o ver la vida con ojos de mosca, que solo ve mier**. Ambas cosas empiezan por «mi», pero son bien distintas. Ahora tú eliges, ver el lado dulce de la vida, que —no nos vamos a engañar— a veces es muy dura, o ver la fealdad en todo. Tú decides. ¿*Team* abeja o *team* mosca?

Ilusiónate y no pierdas la capacidad de sorprenderte.

ESTÁS LISTA PARA LA VIDA

Desde los quince hago un balance anual en unas libretas, que forro y personalizo, para obligarme a recordar lo conseguido año tras año. Escribo lo bueno y lo malo y recuerdo concienzudamente lo que pasó cada mes. Al final, hasta en los años más duros, me doy cuenta de que siempre gana lo bueno. A veces, lo malo es muy malo, pero hay cantidad de pequeñas cosas buenas que vuelcan la balanza hacia el lado positivo. Mi conclusión es que, si escudriñamos nuestra vida tratando de ser objetivos, hay muchas más cosas que merecen ser vividas que las que deben ser olvidadas.

Te animo a hacer tu balance anual para poder repasar tus meses y tu vida. Cuando leo sobre años pasados me doy cuenta de lo que he ido conquistando, me enorgullezco. Te animo a que lo practiques y veas cómo ayuda este pequeño ritual. Empieza en la semana de tu cumpleaños y recibe el siguiente año con toda la ilusión. Has sido capaz de salvar muchos obstáculos y la vida te ha ofrecido un montón de cosas buenas. Felicidades, estás viva.

Hay muchas más cosas que merecen ser vividas que olvidadas.

Nada me gustaría más que hayas disfrutado de este libro tanto como yo escribiéndolo. Con ello no me refiero a que haya sido un camino de rosas. Algunas noches me metía en la cama y no podía dormir, después de haber removido tantas emociones; otras veces me encontraba riéndome a carcajadas con el ordenador, que, por cierto, se ha convertido en mi mejor compañía los últimos meses.

Empecé a escribir a mano —un verdadero *manuscrito,* porque soy una ludita aferrada al papel—, hasta que no hubo más remedio que comprarme un ordenador sin tener ni idea y orientándome, para la elección, en el color: rosa, claro. Este libro ha supuesto un gran reto para mí incluso en la forma de escribirlo. Jamás pensé que vendría cargado de tanto aprendizaje y autoconocimiento.

Muchas veces tenemos las cosas que deseamos, solo que, a lo mejor, no en la forma en la que las hemos pedido. En ocasiones es solo cuestión de cambiar la perspectiva desde la que miras las cosas para darte cuenta de que tienes todo aquello que soñabas —incluso mejor de lo que anhelabas— alrededor.

Ha sido un verdadero regalo de la vida dar con otra Alba maravillosa, mi editora, que confía en mí y ha sido mi guía y confidente en este peregrinaje que, a veces, me recordaba a Simón el Cirineo por el monte calvario. Ha conllevado unos meses muy intensos tanto a nivel personal como emocional, y lo que me hizo volver a llorar de alegría fue ver la portada del libro en el móvil. Quiero ser lo que vendrá. Deseo lo que me traiga este libro.

Déjame que te acompañe. Mantén el libro en la mesilla de noche. Permíteme escoltarte. Pero luego, ya sabes, tú eres la dueña o el dueño de tu propia vida. Antonio Gala, que murió en el presente año, no tenía claro quién era el dueño de la herida. Rimando con «herida», pero en las antípodas del significado, yo he intentado analizar quién es el dueño de la vida, y eres tú.

Disfruta, corre, ama, llora, lee, visita, investiga, sueña, ríe a carcajadas. Duerme, canta..., porque un día nos vamos a morir, pero todos los demás no. VIVE.

Estamos Listos
Para La vida

Alba según Lucas

Este libro se terminó de imprimir
en octubre de 2023.